인도 고전어
쌍스끄리땀
첫마당

2

학습서

संस्कृत

saṃskṛtavākyopakriyānvākhyānam 1

강성용 지음

인도 고전어 쌍스끄리땀 첫마당

학습서 2

rasa

वाक्योपाक्रिया

머리말

교재 2권에 동반되는 학습서의 발간 작업이 순조롭게 진행되면서, 교재의 출판에 발맞추어 학습서 2권이 세상의 빛을 보게 된 것을 기쁘게 생각한다. 교재 작업이 일단락되는 때인지라 원래 필자가 구상했던 더 많은 학습 교재들에 대한 생각들이 새롭게 선명해지고 있지만, 시간을 두고 해 나가야 할 작업이라고 생각하고 있다. 모두 네 권으로 이루어진 이 교재가 학습자들에게 쌍쓰끄리땀으로 들어가는 길을 가리키는 좋은 길라잡이가 되기를 바라는 마음이다. 교재 2권의 서문에 감사의 마음을 적은 바 있어서, 이 자리에서는 이 학습서가 있기까지 긴 세월 많은 힘을 실어 주었던 수많은 학생들과 학습자들에게 감사하다는 말을 보태어 적는다.

학습서 2권의 발간에 애써 주신 도서출판 라싸의 장지연 대표님과 어려운 편집 일을 맡아 주신 이은경 실장님께도 감사의 마음을 전하고자 한다.

2024년 8월 26일

관악산에서 강성용

일러두기

본 학습서의 구성과 서술의 형식은 『saṃskṛtavākyopakriyā 인도 고전어 쌍쓰끄리땀 첫마당 1』과 동일한 방식을 취한다.

✤ : 교재에 제시된 각 설명 항목들의 번호를 표시.

ᗜ : 교재와 학습서에 제시된 연습문제의 문항 번호를 표시.

⇗ : 앞서 설명된 항목을 참조하라는 표시.

⇘ : 뒤따라 제시될 항목을 참조하라는 표시.

※ : 교재에는 없고 학습서에서만 나타나는 항목을 나타내는 표시.

← 혹은 → : 형태상의 변화 혹은 의미상의 전용을 표시.

√ : 동사말뿌리를 나타내는 부호.

/ : 형태상 혹은 해석상의 다른 가능성이 있는 경우를 표시.

✓ : 연습문제 풀이에 제시된 추가 설명을 표시.

본 학습서에서 사용되는 줄임말은 아래와 같다.

Ā.	ātmanepada	
P.	parasmaipada	
[a.]	adjective	형용사
[adp.]	adposition	부치사
[adv.]	adverb	부사
[f.]	feminine	여성(명사)
[ind.]	indeclinable	불변화사
[m.]	masculine	남성(명사)
[n.]	neuter	중성(명사)
[prn.]	pronoun	대명사
(den.)	denominative	명사유래형
(ifc.)	in fine compositi	겹낱말의 뒷자리에서
(impf.)	imperfect	과거형
(inf.)	infinitive	부정형
(pass.)	passive	수동형
(caus.)	causative	시킴형
(p.p.)	past participle	과거분사
sg.	singular	단수
du.	dual	양수
pl.	plural	복수
1.	uttamapuruṣa	일인칭
2.	madhyamapuruṣa	이인칭
3.	prathamapuruṣa	삼인칭

차
례

5 머리말
6 일러두기

9 **제15과**
12 연습문제 풀이

21 **제16과**
25 연습문제 풀이

33 **제17과**
38 연습문제 풀이

49 **제18과**
52 연습문제 풀이

63 **제19과**
68 연습문제 풀이

81 **제20과**
84 연습문제 풀이

97 **제21과**
102 연습문제 풀이

111 **제22과**
116 연습문제 풀이

125 **제23과**
131 연습문제 풀이

139 **제24과**
142 연습문제 풀이

149 **제25과**
153 연습문제 풀이

161 **제26과**
164 연습문제 풀이

169 **제27과**
171 연습문제 풀이

175 **제28과**
178 연습문제 풀이

제15과
संस्कृतवाक्योपक्रिया

※15.02 ०त्वा와 ०य와 ०त्य에서 보이듯이 "०"부호는 쌍쓰끄리땀에서 추가로 표기되어야 하는 내용을 생략해서 표기할 때 종종 사용된다.

※15.02(02) 여기 제시된 동사의 독립형들 가운데 līḍhvā, rūḍhvā, soḍhvā, ūḍhvā는 실제 사용되는 빈도 면에서 중요한 동사들이 전혀 아니지만 문법에서의 형태변화를 익히는 데에 도움이 되기 때문에 선택되어 포함된(☞※14.10(08)) 동사들이다. 나머지 동사들은 실제로 자주 사용되는 것들인 만큼 잘 익혀 두어야 한다.

※15.13 인도 중관사상을 대표하는 나가르주나(नागार्जुन)의 저작으로 알려진 『मूलमद्यमककारिका』의 원문 한 구절을 인용하였다. 내용을 정확하게 파악하여 논점을 이해하는 일은 쉽지 않겠지만 사용된 표현들이 보여주는 형태를 정확하게 파악하고, 그 기본적인 의미들에 입각해서 문장의 구조와 의미를 이해해 보기 바란다. 빠다 단위로 끊어서 내용을 이해하는 일반적인 해석의 틀을 상기하라. (☞❖09.03)

※15.15 **किं मम दूरभाषसंख्व्यां जानाति भवान् । भवान्दूरभाषं करोतु ।**

kiṃ mama dūrabhāṣasaṅkhyāṃ jānāti bhavān? bhavān dūrabhāṣaṃ karotu!

제 전화번호를 알고 계십니까? 전화하세요!

이 문장의 표기에서 saṅkhyāṃ에서는 사용되지 않은 아누쓰바라가 데바나가리 표기에서는 사용되고 있는 것이 보인다. 쌍쓰끄리땀의 표기 원칙에 따라 로마자 표기에서는 자음의 각 무리(varga ☞❖01.54)에 해당하는 콧소리를 사용하여 표기하는 원칙을 그래도 지켰다. 이에 대한 자세한 논의는 앞서(☞※01.01) 언급한 바 있는 논문, 강성용. 「쌍쓰끄리땀의 아누쓰바라와 콧소리 표기, 그 역사적 맥락과 표기 원칙」, 『인도철학』, 54집 (2018), pp. 123-161을 보라. 그런데 데바나가리 표기에서 सङ्ख्यां 표기가 가능하기는 하지만 번거로운 표기 방식이어서 거의 사용되지 않는 것이 현실이다. 표기의 수월

함 때문에 아누쓰바라를 사용하는 것이 일반적이다. 이러한 현실을 반영하여 데바나가리 표기에서는 더 자주 사용되는 아누쓰바라를 사용한 표기 방식을 사용하였다.

भवतः कृत इति न्यूनमूल्येन ददामि ।

bhavataḥ kṛta iti nyūnamūlyena dadāmi!

당신에게는 정말로 더 싼 가격에 드립니다!

iti는 앞서 제시된 생각이나 말의 내용 혹은 말하는 사람과 듣는 사람이 공유하는 것을 가리키는 "이렇게, 그렇게"의 의미로 사용되는 말이다. 고전 쌍쓰끄리땀에서는 말이나 생각의 내용을 인용하는 것임을 나타내는 표현으로 자주 사용되지만, 종종 "이렇게나!" 혹은 "이보게!"의 의미로 상대방의 주의를 환기시키는 방식으로 강조하는 의미를 가진 표현으로 사용되기도 한다.

※15.16 겹낱말(samāsa, compound)은 명사나 형용사들끼리를 결합시켜서 한 낱말처럼 사용하는 것을 말하는데, 아래 제19과에서 자세하게 배우게 될 것이다. 겹낱말을 이루기 위해 결합된 여러 단어들 가운데 가장 끝에 오는 단어를 겹낱말의 "끝자리말"이라고 부른다. 특정한 단어들은 겹낱말의 끝자리에서 사용될 때에는 관용적인 의미를 갖게 되는데, artha도 거기에 해당하는 단어들 중의 하나이다. 이러한 까닭에 겹낱말의 끝자리를 의미하는 라틴어 용어의 줄임말 ifc. (in fine compositi, at the end of a compound 복합어 끝에서)라는 표현이 사전에 자주 사용되게 된다. 사전에서 (ifc.)라고 표시되어 있는 뜻이 있다면, 그것은 해당하는 단어가 겹낱말 끝자리에 사용될 때에 그 의미를 갖게 된다는 것을 가리킨다.

연습문제 풀이

▷ 15.01 다음 문장을 한국어로 옮기시오

▷ 15.01(01) **बली हस्ती कुपितं सिंहं युध्यते ।**

balī hastī kupitaṃ siṃhaṃ yudhyate.

힘센 코끼리가 화가 난 사자를 상대로 싸운다

▷ 15.01(02) **स सर्वं श्रोतापि न किञ्चित्करोति।**

sa sarvaṃ śrotāpi na kiñ cit karoti.

그는 모든 것을 듣는 자인데도 불구하고 아무것도 하지 않는다.

▷ 15.01(03) **स योगी तस्याचार्यस्याश्रमं गत्वा नगरे तेन कृतमब्रवीत्।**

sa yogī tasyācāryasyāśramaṃ gatvā nagare tena kṛtam abravīt.

그 수행자는 그의 스승의 수행처로 가서 (자기가) 도시에서 한 일을 말했다.

▷ 15.01(04) **मां मा त्यजेति पतिमुक्त्वा भार्या रोदिति स्म ।**

māṃ mā tyajeti patim uktvā bhāryā roditi sma.

"나를 떠나지 말라!"라고 남편에게 말하면서 부인은 울었다.

▷ 15.01(05) **मनस्विना ब्राह्मणेन उपदिश्य स बालो ऽहिंसा परमो धर्म इत्युच्यते।**

manasvinā brāhmaṇena upadiśya sa bālo 'hiṃsā paramo dharma ity ucyate.

현명한 사제에게 가르침을 받고 나서 그 소년은 "불살생이 최고의 다르마이다."라고 들었다.

D 15.01(06) **स योगी पर्वतं यात्वेश्वरं दृष्ट्वा तं नत्वा च तेन सह समवदत्।**

sa yogī parvataṃ yātveśvaraṃ dṛṣṭvā taṃ natvā ca tena saha samavadat.

그 수행자는 산에 가서 신을 보고 그에게 인사하고 나서 그 (신)과 토론했다.

D 15.01(07) **यदा वानरो भूमौ पतित्वा म्रियते तदा तच्छरीरं जम्बुकेन खादितम् ।**

yadā vānaro bhūmau patitvā mriyate tadā tac charīraṃ jambukena khāditam.

원숭이가 땅에 떨어져 죽었을 때 그 몸은 자칼에게 먹혔다.

D 15.01(08) **राजपुत्रावेकस्मिन्वने देवमग्निं दृष्ट्वा यज्ञस्य विघ्नमवगम्य तं पादपं दग्ध्वा राजगृहं प्रत्यागम्य राज्यमकुरुताम्।**

rājaputrāv ekasmin vane devam agniṃ dṛṣṭvā yajñasya vighnam avagamya taṃ pādapaṃ dagdhvā rājagṛhaṃ pratyāgmya rājyam akurutām.

두 왕자는 어떤 숲에서 신 아그니를 본 후에 제사의 장애물을 이해하고 그 나무를 태우고 나서 왕궁으로 돌아와 왕권을 행사했다.

D 15.02 다음 문장 안의 괄호를 주어진 의미에 맞도록 [ ]에 주어진 단어의 적당한 형태를 사용하여 쌍쓰끄리땀으로 채워 넣은 후에 전체 문장을 데바나가리로 적으시오.

▷ 15.02(01) tan nagaraṃ trijagato ( ) ( ). [√rakṣ의 행위자 명사; √pā의 수동형]

그 도시는 세 세상의 수호자에 의해 보호받는다.

tan nagaraṃ trijagato rakṣitrā pāyate. (√pā 2P. [pāti] 지키다, 보호하다, 내려보다, 지켜보다)

तन्नगरं त्रिजगतो रक्षित्रा पायते ।

▷ 15.02(02) chāgāṃś ( ) cauras taṃ grāmam ( ). [√cur의 독립형; √tyaj의 과거형]

염소들을 훔치고 나서 도둑은 그 마을을 떠났다.

chāgāṃś corayitvā cauras taṃ grāmam atyajat.

छागांश्चोरयित्वा चौरस्तं ग्राममत्यजत् ।

▷ 15.02(03) kṣatriyo yuddhe ( ) svargaṃ ( ). [√mṛ의 독립형; √gam의 현재형]

끄샤뜨리야는 전투에서 죽은 후에 하늘나라로 간다.

kṣatriyo yuddhe mṛtvā svargaṃ gacchati.

क्षत्रियो युद्धे मृत्वा स्वर्गं गच्छति ।

▷ 15.02(04) yad icchati tad ( ) yajñasya phalasya ( ). [√āp의 현재형; √bhuj 의 행위자 명사]

제사의 결실을 누리는 자는 그가 원하는 것을 얻는다.

yad icchati tad āpnoti yajñasya phalasya bhoktā.

यदिच्छति तदाप्नोति यज्ञस्य फलस्य भोक्ता।

▷ 15.02(05) araṇyam āgatyeṣubhī rākṣasān ( ) vīrau tayor gṛhaṃ yātau. [ni-√han의 독립형; √yā의 과거분사]

숲에 가서 화살들로 락샤싸들을 죽이고 나서 두 영웅은 그들의 집으로 갔다.

araṇyam āgatyeṣubhī rākṣasān (āgatya-iṣubhiḥ-rākṣasān, 싼디 ⇨✤ 03.25(02)) nihatya vīrau tayor gṛhaṃ yātau.

अरण्यमागत्येषुभी राक्षसान्निहत्य वीरौ तयोर्गृहं यातौ।

ᐅ 15.02(06) (   ) mama duhitaraṃ labhata ity (   ) nṛpo rājagṛhaṃ (   ). [√ji의 행위자 명사; ā-√khyā의 독립형; pra-√viś의 과거형]

"승자가 내 딸을 얻는다!"라고 말하고 나서 왕은 왕궁으로 들어갔다.

jetā mama duhitaraṃ labhata ity ākhyāya nṛpo rājagṛhaṃ prāviśat.

जेता मम दुहितरं लभत इत्याख्याय नृपो राजगृहं प्राविशत् ।

ᐅ 15.02(07) yadi bhavān rājño yajñasyārtham (   ) vedaṃ (   ) tarhi dānaṃ bhavantaṃ (   ). [ā-√gam의 독립형; √paṭh의 현재형; √dā의 현재형]

만약 당신이 왕의 제사를 위해 와서 베다를 낭송한다면 내가 그대에게 성금을 주겠다.

yadi bhavān rājño yajñasyārtham āgatya (혹은 āgamya) vedaṃ paṭhati tarhi dānaṃ bhavantaṃ dadāmi.

यदि भवान्राज्ञो यज्ञस्यार्थमागत्य (혹은 आगम्य) वेदं पठति तर्हि दानं भवन्तं ददामि ।

✔ 제사에 대한 댓가로 사제에게 지불하는 것을 명목상으로는 dāna "선물, 기부"라고 부른다.

ᐅ 15.02(08) (   ) devasya padmam iva mukhaṃ tapasā dṛṣṭvā (   ) (   ) duḥkhān mucyante. [deva의 복수 가짐격; tapasvin의 복수 임자격; sarva의 단수 유래격]

고행자들은 신들의 신이 가진 연꽃 같은 얼굴을 고행을 통해 보고 나서 모든 고통에서 벗어난다.

devānāṃ devasya padmam iva mukhaṃ tapasā dṛṣṭvā tapasvinaḥ sarvād duḥkhān mucyante.

देवानां देवस्य पद्ममिव मुखं तपसा दृष्ट्वा तपस्विनः सर्वाद्दुःखान्मुच्यते।

▷ 15.02(09) manasvinācāryeṇāśramam ( ) śiṣyo dharmam ( ). [ā-√hve의 독립형; upa-√diś의 수동 과거형]

현명한(manasvinā) 스승에 의해 수행처로 불려간 학생은 다르마에 대해 배웠다.

manasvinācāryeṇāśramam āhūya śiṣyo dharmam upādiśyata.

मनस्विनाचार्येणाश्रममाहूय शिष्यो धर्ममुपादिश्यत ।

▷ 15.03 다음 이야기를 한국어로 옮기시오. (날라와 다마얀띠 이야기 1)

▷ 15.03(01)

आसीद्राजा नलो नाम वीरसेनस्य पुत्रः । स उपपन्नो गुणै रूपस्वी चाश्वविच्च । ततः परं वेदविद्वीरो बली । स निषधेषु राजासीत्सर्वजनस्य रक्षिता । अतीवाक्षप्रियश्चेन्द्रियजिदितरथा च सत्यवादी नलो भवति स्म ।

āsīd rājā nalo nāma vīrasenasya putraḥ. sa upapanno guṇai (←guṇaiḥ) rūpasvī cāśvavic ca. tataḥ paraṃ vedavid vīro balī. sa niṣadheṣu rājāsīt sarvajanasya rakṣitā. atīvākṣapriyaś cendriyajid itarathā ca satyavādī nalo bhavati sma.

옛날 옛적에 "비라세나"의 아들이며 이름이 "날라"인 왕이 있었다. 그는 덕성들을 갖추고 잘 생기고 또 말을 [잘 다룰 줄] 안다. 게다가 베다를 잘 아는 영웅이고 힘이 셌다. 그는 니사다 [사람들의] 땅에서 왕이었고, 모든 사람들의 수호자였다. 날라는 또한 견과윷 도박/내기를 대단히 좋아하며 다른 면에서는 감각기관을 이긴 자였고, 진실을 말하는 자였다.

▷ 15.03(02)

तथैव सर्वैर्गुणैर्युक्तो ऽन्यो नृपो भीमो नामासीत् । तस्य रत्नमिव कन्या

दमयन्ती नाम च गुणवन्तः कुमाराश्च । यतो दमयन्त्युपपन्ना वपुसा ततः सा रूपस्विनी पुनर्यशस्विन्यपि च ।

tathaiva sarvair guṇair yukto 'nyo nṛpo bhīmo nāmāsīt. tasya ratnam iva kanyā damayantī nāma ca guṇavantaḥ kumārāś ca. yato damayanty upapannā vapusā tataḥ sā rūpasvinī punar yaśasviny api ca.

바로 그와 같이 모든 덕성을 갖춘 다른 "비마"라는 이름의 왕이 있었다. 그에게는 보석과 같은 딸 "다마얀띠"와 장점/덕성을 갖춘 아들들이 있었다. 다마얀띠는 [훌륭한] 외모를 지니고 있었기 때문에 아름다운 그녀는 또한 명성이 자자했다.

ᗞ 15.03(03)

अथ सा सेवकीभिरलंकृता राजपुत्री यौवनं प्राप्य सखीभिः पर्युपास्यते स्म । तादृग्रूपवती न देवेषु क्व चिन्न मानुषेष्वपि पूर्वं न दृष्टा न श्रुता । चित्तहारिणी बाला देवानामपि सुन्दरी भुवि ।

atha sā sevakībhir alaṅkṛtā rājaputrī yauvanaṃ prāpya sakhībhiḥ paryupāsyate sma. tādṛg rūpavatī na deveṣu kva cin na mānuṣeṣv api pūrvaṃ na dṛṣṭā na śrutā. cittahāriṇī bālā devānām api sundarī bhuvi.

그리고 그 여자 하인들에 의해 꾸며진 공주는 사춘기에 이르고 나서 [여자] 친구들에 둘러싸여 있었다. 그러한 아름다운 여자는 신들 중에 그 어디에도 없었으며, 인간들 중에서도 마찬가지로 일찌기 본적도 들은 적도 없었다. 땅위의(bhuvi) 아름다운 소녀(bālā)는 신들에게조차도 마음을 휘어잡는 [여자였다].

✔ alaṅkṛtā의 데바나가리 표기에서는 일반적으로 사용되는 아누쓰바라를 사용하는 방식을 따라 표기하였다. (☞✤15.15)

ᗞ 15.03(04)

तस्यास्तु समीपे नलं प्राशंसन्पुनः पुनर्निषधे चापि तस्य समीपे दमयन्तीं

तथा । सततं च सर्वाञ्छ्रेष्ठान्गुणानशृणुतां परस्परम् । तस्मात्तयोरदृष्टकामो ऽभूदन्योन्यं प्रति । स कामो हृदि व्यवर्धत प्रतिदिनम् ।

tasyās tu samīpe nalaṃ prāśaṃsan punaḥ punar niṣadhe cāpi tasya samīpe damayantīṃ tathā. satataṃ ca sarvāñ chreṣṭhān guṇān aśṛṇutāṃ parasparam. tasmāt tayor adṛṣṭakāmo 'bhūd anyonyaṃ prati. sa kāmo hṛdi vyavardhata pratidinam.

그리고 그녀의 주변에서 사람들은 날라왕을 칭송했고, 그리고 니사다에서는 그 [날라]의 주변에서 다마얀띠를 그렇게 [칭송]했다. 또한 끊임없이 서로서로[에 대해] 모든 최상의 장점들을 들었다. 그 때문에 그 두 사람의 (세상에서 본 적이 없어서) 전례가 없는 사랑이 서로에 대해 생겨났다. 그 마음 속의 사랑은 날마다 자라났다.

▷ 15.03(05)

एकस्मिन्दिने नलेन गृहीतो हंसो तं राजानमवदत् । देव यद्ययं खगो राज्ञा न हन्यते तर्हि भवतः प्रियं करोति । दमयन्त्याः समीपं गत्वा त्वां कथयामि । तस्मात्सा त्वदन्यं पुरुषं न कदापि मन्यत इति ।

ekasmin dine nalena gṛhīto haṃso taṃ rājānam avadat. deva yady ayaṃ khago rājñā na hanyate tarhi bhavataḥ priyaṃ karoti. damayantyāḥ samīpaṃ gatvā tvāṃ kathayāmi. tasmāt sā tvad anyaṃ puruṣaṃ na kadāpi manyata iti.

어느날 날라에게 붙잡힌 기러기가 그 왕(날라)에게 말했다. "왕이시여, 만약 왕께서 이 새 (즉, 나)를 죽이지 않는다면, 폐하의 마음에 드는 일을 하겠습니다. 다마얀띠의 근처로 가서 당신에 대해 말하겠습니다. 그리하여 그녀는 결코 당신 이외의 사람을 그 어느 때에도 생각하지(manyate) 않을 것입니다."라고.

▷ 15.03(06)

अथैवमुक्तवान्हंसो यथोक्तमकरोत् । पुनश्च दमयन्तीमब्रवीत् । नारीणां रत्नं त्वं नरेषु च श्रेष्ठो नलः । विशिष्टाया विशिष्टेन च सङ्गमो गुणवान्भवत्विति ।

athaivam uktavān haṃso yathoktam akarot. punaś ca damayantīm abravīt. nārīṇāṃ ratnaṃ tvaṃ nareṣu ca śreṣṭho nalaḥ. viśiṣṭāyā viśiṣṭena ca saṅgamo guṇavān bhavatv iti.

그리하여 이렇게 말한 기러기는 [앞서] 말한 대로(yathā-ukta; √vac의 p.p.) [실행]하였다. 그리고 다마얀띠에게 말했다. "여인들 중에서 보석과 같은 당신이고, 남자들 중에서 가장 뛰어난 날라입니다. 뛰어난 여인의(단수 가짐격) 뛰어난 남자와의(수단격) 결합이라는 좋은 일이 이루어져야 합니다." 라고.

✔ saṅgamo의 경우에도 데바나가리 표기에서는 **संगमो** 형태가 더 흔하게 사용된다.

제16과
संस्कृतवाक्योपक्रिया

※16.06 부정형이 동사 혹은 행위를 나타내는 명사 표현과 결합하여 사용되는 것에 대해서는 영어에서 to를 첨가한 to-부정사가 사용되는 것과 비슷하다고 생각할 수 있다. 예로 want 동사는 to-부정사와 결합해서 "I want to read this book."과 같은 문장을 만든다. 이러한 영어의 예처럼 부정형은 주로 의지, 욕구, 능력 등을 나타내는 동사 표현들과 함께 사용된다.

※16.09 "~할 수 있다"라고 말할 때 √śak는 행위를 할 능력이 있다는 사실을 표현하고 √arh는 행위를 할 자격이 있거나 행위를 할 만한 가치가 있다는 사실을 표현한다. 영어의 "deserve" 표현에 해당되는 말이다. 예로 tat karma daṇḍam arhati. 라고 하면 "그 행위는 처벌할 만하다"는 의미에서 출발해서 "그 행위는 처벌 대상이다"라는 뜻으로 사용된다. 확연하게 √śak와 구분된다. 따라서 sa āyurvedam adhigantum arhati. 는 "그는 의학을 공부할 만하다"라는 뜻으로 (태생에 따라) 의학을 공부할 자격이 있다는 뜻도 될 수 있고 다르게는 (태생에 따라) 의학을 공부해야 하는 의무를 지닌 사람이라는 뜻이 될 수 있다. 따라서 문맥에 따라 "~할 수 있다"와 "~해야 한다"의 의미가 함께 주어질 수 있는 표현이 된다.

※16.20(01) 이러한 강화 현상이 나타나는 맥락은 명확하지 않은데, 여성형의 곡용 패턴에 따르는 것으로 보여서 일반적인 설명의 틀 안에서 설명해 내기가 어려운 현상이라고 보인다.

※16.26 dviṣāṇa "싫어하는"; bruvāṇa "말하는"; kurvāṇa "행하는, 만드는"에서의 ṇ은 내부싼디(☞✤05.09)에 따른 것이다.

※16.31 **नलो राज्यं कुर्वन्नप्यादितः प्रभृति धर्मं चरति।**

날라는 왕권을 행사했지만 처음부터 다르마를 행한다.

ādi [m.] "시작, 처음"에 유래격의 의미를 나타내는 뒷토 -tas(☞✤08.10)를 붙여서 āditas가 만들어진다. 이 말을 유래격 표현과 함께 사용하는 부치사 prabhṛti [adp.] "~(Ab.) 이후로, ~(Ab.)로 시작되는"에 결합시켜 "처음부

터"의 의미로 사용한 것이다.

वृद्धा सत्यपि मम माता सुन्दरीति पुत्रश्चिन्तयति।

"늙었지만 내 어머니는 아름답다."라고 아들은 생각한다.

여성형 현재분사 satī "~인 상태의, 있는" [f.] (☞✤16.22(03))가 사용된 예이다.

स ब्राह्मणो वेदं पठन्नप्यर्थमवगन्तुं न शक्नोति। एकेषां शब्दानामर्था अवगता अपि तेषां भावं तेन पठता ब्राह्मणेन नाधिगम्यते।

그 사제는 베다를 낭송하기는 하지만 의미를 이해하지는 못한다. 몇몇 말들의 의미들은 이해된다고 해도 그것들이 말하고자 하는 바는 그 낭송하는 사제가 이해하지 못한다.

어떤 표현이나 단어가 직접 가리키는 것 혹은 직접적인 의미를 artha라고 하고 그것이 전달하고자 하는 내용 혹은 맥락 상의 의미를 bhāva [m.]라고 한다. bhāva [m.]는 √bhū의 명사형이기 때문에 "되기, 있기, 존재, 발생"이라는 기본적인 의미를 갖는 것 외에도 "진리, 사실, 방식, 특성, 의도, 의미, 감정" 등 다양한 뜻을 갖는다.

※16.32 불교사상가였던 Candrakīrti의 이름을 한문으로는 "月稱"(월칭)이라고 번역한다. candra "달"과 kīrti "명성"을 합친 단어라서 그렇게 번역한 것이다. 달이 밤하늘의 모든 것들이 보이지 않을 만큼 압도하는 것처럼 대단한 명성을 지녔다는 뜻이라고 이해할 수 있다.

※16.34 apuruṣa를 "사람이 없는 [세상]"이라는 의미로 사용하는 것은 이 단어를 bahuvrīhi-겹낱말로 사용하는 경우이다. 여기에 대해서는 앞으로(☞✤21.01) bahuvrīhi-겹낱말을 배울 때에 자세하게 배우게 될 것이다. **अपुरुष** a-puruṣa를 "남자답지 못한, 비겁한" [apuruṣo na puruṣaḥ]이라고 이해하는 것은 이 겹낱말을 tatpuruṣa-겹낱말로 이해하는 경우이고 이것은 앞으로(☞✤20.11) 배우게 될 것이다. 물론 이 말을 "인간이 아닌"이라고 이해하

게 되면 그것은 a-puruṣa를 karmadhāraya-겹낱말로 이해하는 경우인데, 여기에 대해서는 부정 접두사 a-/an-을 사용하는 겹낱말이 bahuvrīhi인지 karmadhāraya인지를 구분하는 차이를 배울 때(☞❖23.14(03)) 자세하게 다루게 될 것이다.

연습문제 풀이

ᐅ 16.01 다음 문장을 한국어로 옮기시오.

ᐅ 16.01(01) **स राजा धर्मं जानानो ऽपि धर्मं नानुवर्तते ।**

sa rājā dharmaṃ jānāno 'pi dharmaṃ nānuvartate.

왕은 다르마를 알고 있음에도 불구하고 다르마를 따르지 않는다.

ᐅ 16.01(02) **वीरैर्वेदं विदद्भी रक्ष्यमाणानां पुरुषाणां भयं नास्ति ।**

vīrair vedaṃ vidadbhī rakṣyamāṇānāṃ puruṣāṇāṃ bhayaṃ nāsti.

베다를 아는(vidadbhir) 영웅들에게 보호받는 사람들에게는 두려움이 없다.

✔ √vid 2P. [vetti] "알다, 이해하다, 지각하다, 파악하다"의 3인칭 복수 vidanti를 염두에 두고(☞표11.09) 현재분사의 형태를 생각해야 한다. (vidadbhiḥ-rakṣyamāṇānām, 싼디 ☞❖03.25(02))

ᐅ 16.01(03) **लोकस्य रक्षितुः सर्वं लोकं स्रष्टुं शक्तिः ।**

lokasya rakṣituḥ sarvaṃ lokaṃ sraṣṭuṃ śaktiḥ.

세상의 수호자에게는 모든 세계를 만들어 내는 (← 뿜어내는) 능력(← 힘)이 있다.

ᐅ 16.01(04) **स शूद्रो राजा भवितुं नार्हन्नपि राजा भवति स्म ।**

sa śūdro rājā bhavituṃ nārhann api rājā bhavati sma.

그 슈드라는 왕이 될 자격이 없음에도 불구하고 왕이 되었다.

D 16.01(05) महतो राक्षसाद्बली देवो भूमाववतरितुं निश्चयमकरोत् ।

mahato rākṣasād balī devo bhūmāv avatarituṃ niścayam akarot.

커다란 락샤싸 때문에 힘센 신은 땅에 내려오기로 결정했다.

D 16.01(06) अस्मिन्ग्रामे तिष्ठतां पुरुषाणामहमुत्तम इति स चिन्तयति ।

asmin grāme tiṣṭhatāṃ puruṣāṇām aham uttama iti sa cintayati.

"이 마을에 머무르고 있는 사람들 중에서(☞05.24) 내가 최고이다."라고 그는 생각한다.

D 16.01(07) त्वं मां न जेतुं शक्नुवन्नपि तव मां जेतुं शक्तिरिति ब्रवीषि ।

tvaṃ māṃ na jetuṃ śaknuvann api tava māṃ jetuṃ śaktir iti bravīṣi.

너는 나를 이길 수 없음에도 불구하고 너에게 나를 이길 힘이 있다고 너는 말한다.

D 16.01(08) एवं भवितुमर्हतीति त्वया वक्तुं न शक्यते ।

evaṃ bhavitum arhatīti tvayā vaktuṃ na śakyate.

"그래도 된다!"라고 네가 말할 수가 없다.

✔ 수동표현을 나타내기 위해 수동형 śakyate가 사용된 경우이다.

D 16.01(09) दह्यमानं वृक्षं पश्यन्नपि न किं चित्कर्तुं शक्नुमः ।

dahyamānaṃ vṛkṣaṃ paśyann api na kiṃ cit kartuṃ śaknumaḥ.

타고 있는 나무를 보지만 우리는 아무것도 할 수 없다.

D 16.01(10) ये मम कन्यां परिणेतुमिच्छन्ति ते मे राज्यं प्रविशन्ति ।

ye mama kanyāṃ pariṇetum icchanti te me rājyaṃ praviśanti.

내 딸과 결혼하기를 원하는 자들이 나의 왕국으로 들어온다.

▷ 16.02 다음 문장 안의 괄호를 주어진 의미에 맞도록 [ ]에 주어진 단어의 적당한 형태를 사용하여 쌍쓰끄리땀으로 채워 넣은 후에 전체 문장을 데바나가리로 적으시오.

▷ 16.02(01) sa bālo vanaṃ ( ) tasyācāryam ( ). [√gam의 현재분사; anu-√gam의 과거형]

그 소년은 숲으로 가고 있는 그의 스승을 따라갔다.

sa bālo vanaṃ (gacchantaṃ) tasyācāryam (anvagacchat).

स बालो वनं गच्छन्तं तस्याचार्यमन्वगच्छत् ।

▷ 16.02(02) ( ) devāt kratur anaśyat. [√kup의 수동현재분사]

화가 난 신 때문에 제사가 망했다.

(kupyamānād) devāt kratur anaśyat.

कुप्यमानाद्देवात्क्रतुरनश्यत् ।

▷ 16.02(03) āryo ( ) iti ( ) rājaputro nṛpam anamat. [√ji의 명령형; √brū의 현재분사]

"고귀한 자여, 승리하소서!"라고 말하면서 왕자가 왕에게 인사했다.

āryo (jayatv) iti (bruvan) rājaputro nṛpam anamat.

आर्यो जयत्विति ब्रुवन्राजपुत्रो नृपमनमत् ।

▷ 16.02(04) na kaś cid devānāṃ devaṃ ( ) ( ). [√ji의 부정형; √śak의 현재형]

누구도 신들의 신을 이길 수 없다.

na kaścid devānāṃ devaṃ (jetuṃ) (śaknoti).

न कश्चिद्देवानां देवं जेतुं शक्नोति ।

▷ 16.02(05 putraṃ ( ) icchan brāhmaṇo yaṣṭum ( ). [√labh의 부정형; ā-√rabh 현재형]

아들을 얻고자 하는 사제가 제사를 지내기 시작한다.

putraṃ (labdhum) icchan brāhmaṇo yaṣṭum (ārabhate).

पुत्रं लब्धुमिच्छन्ब्राह्मणो यष्टुमारभते।

▷ 16.02(06) tasyāṃ patyau ( ) bhāryā taṃ ( ) nagaram āgacchat. [√snih의 현재분사 여성형; √dṛś의 부정형]

남편을 사랑하는 부인이 그를 보러 도시로 왔다.

tasyāṃ patyau (snihyantī) bhāryā taṃ (draṣṭuṃ) nagaram āgacchat.

तस्यां पत्यौ स्निह्यन्ती भार्या तं द्रष्टुं नगरमागच्छत् ।

▷ 16.02(07) bhavān imāṃ pāpāṃ nārīṃ ( ) ( ) anyathā naśyāmaḥ. [√han의 부정형; √arh의 현재형]

당신은 이 사악한 여인을 죽여야 합니다. 그렇지 않으면 우리는 망합니다.

bhavān imāṃ pāpāṃ nārīṃ (hantum) (arhaty) anyathā naśyāmaḥ.

भवानिमां पापां नारीं हन्तुमर्हत्यन्यथा नश्यामः ।

▷ 16.02(08) ahaṃ grāmaṃ ( ) tapaḥ kartum ( ) sma. [√tyaj의 독립형; ā-√rabh의 현재형]

마을을 떠난 후에 나는 고행을 하기 시작했다.

ahaṃ grāmaṃ (tyaktvā) tapaḥ kartum (ārabhe) sma.

अहं ग्रामं त्यक्त्वा तपः कर्तुमारभे स्म ।

▷ 16.02(09) eko jano 'raṇyaṃ ( ) tasmiñ ( ) jantūn iṣubhir ahanyat. [√car의 현재분사; √jīv의 현재분사]

어떤 사람이 숲을 돌아다니면서 그곳에서 살아 있는 생물들을 화살로 죽였다.

eko jano 'raṇyaṃ (caraṃs) tasmiñ (jīvato) jantūn iṣubhir ahanyat.

एको जनो ऽरण्यं चरंस्तस्मिञ्जीवतो जन्तूनिषुभिरहन्यत् ।

ᐅ 16.02(10) tāṃ (　) anyābhiḥ kanyābhī (　) sā kanyā gṛhaṃ pratyagacchat. [√tud의 현재분사 여성형; √rud의 현재분사 여성형]

그녀를 때리는 다른 소녀들 때문에 그 소녀는 울면서 집으로 돌아갔다.

tāṃ (tudatībhir) anyābhiḥ kanyābhī (roditī) sā kanyā gṛhaṃ pratyagacchat.

तां तुदतीभिरन्याभिः कन्याभी रोदिती सा कन्या गृहं प्रत्यगच्छत्।

ᐅ 16.03 다음 이야기를 한국어로 옮기시오. (날라와 다마얀띠 이야기 2)

ᐅ 16.03(01)

अथ दमयन्ती तु हंसस्य वचनं श्रुत्वा ततः प्रभृति सा नलं प्रत्यभवदस्वस्था । कामेन पीडिता दमयन्ती हा हेति पुनः पुनर्वदन्ती नक्तमपि न स्वपिति स्म । तल्पे सत्यपि सा स्वप्तुं नाशक्नोत् । आसने ऽपि च सुखं न विद्यते कथं चित् । नलस्य कामेन पूर्णा सा रूपस्विनी श्रेष्ठं नरं द्रष्टुमिच्छन्ती सर्वदा तं चिन्तयित्वा स्वयममन्यत। एष हृदयचौरो मम हृद्यागत्य मम मनसपाहरदिति।

atha damayantī tu haṃsasya vacanaṃ śrutvā tataḥ prabhṛti sā nalaṃ praty abhavad asvasthā. kāmena pīḍitā damayantī hā heti punaḥ punar vadantī naktam api na svapiti sma. talpe saty api sā svaptuṃ nāśaknot. āsane 'pi ca sukhaṃ na vidyate kathaṃ cit. nalasya kāmena pūrṇā sā rūpasvinī śreṣṭhaṃ naraṃ draṣṭum icchantī sarvadā taṃ cintayitvā svayam amanyata. eṣa hṛdayacauro mama hṛdy āgatya mama manas apāharad iti.

그런데 다마얀띠는 기러기의 말을 듣고 나서, 그때부터 [그녀는] 날라를 향해서 정상이 아니었다. 사랑에 사로잡힌 다마얀띠는 "아! 아!"하며(hā hā-iti)

다시 또 다시 (탄식하는 말을) 하면서 밤에도 자지 않았다. 침상에 있어도 그녀는 잠을 잘 수 없었다. 앉아 있을 때에도 즐거움은 결코 없었다. 날라를 향한 사랑으로 가득찬 아름다운 그녀는 최상의 남자(인 날라)를 보고 싶어 하면서 항상 그를 생각했고 스스로 생각했다. "이 마음 도둑(hṛdaya-cauraḥ)은 내 가슴에 와서 내 마음을 가져갔다(apa-√hṛ)."라고.

▷ 16.03(02)

अवस्थां दुहितरं दृष्ट्वा विदर्भस्य नृपो भीमो ऽब्रवीत् । अस्य व्याधेः कारणं कथ्यतामिति । पृच्छ्यमानो सखीगणो नृपस्य क्रोधाद्भीत्वा यथार्थं न्यवेदयत् ।

asvasthāṃ duhitaraṃ dṛṣṭvā vidarbhasya nṛpo bhīmo ʼbravīt. asya vyādheḥ kāraṇaṃ kathyatām iti. pṛcchyamāno sakhīgaṇo nṛpasya krodhād bhītvā yathārthaṃ nyavedayat.

정상이 아닌 딸을 보고서 비다르바의 왕(vidarbha-pati) 비마는 말했다. "이 병의 이유를 말하라!" 질문을 받은 시녀 무리는 왕의 분노를 무서워하면서 사실대로(yathārtham, ↳✤22.06(03)) 알렸다.

▷ 16.03(03)

ततो विदर्भपतये दमयन्त्याः सखीगणः ।

न्यवेदयत न स्वस्थां दमयन्तीं नरेश्वरे ॥

tato vidarbhapataye damayantyāḥ sakhīgaṇaḥ |

nyavedayata na svasthāṃ damayantīṃ nareśvare ||

그리하여 비다르바의 왕에게 다마얀띠의 시녀 무리가 다마얀띠는 인간들 중에서 신과 같은 이(nara-īśvara, 즉 날라, ↳✤19.18(08))에 대해서 제 상태가 아님을 알렸다.

▷ 16.03(04)

तच्छ्रुत्वा विदर्भपतिर्भीमो किं कार्यमचिन्तयत्स्वां पुत्रिकां प्रति । अनन्तरं दमयन्त्याः पिता भीम उपायमकरोत् । स स्वां दुहितरं रक्षितुमारभमानः पिता तस्मिन्दिने मनसा चित्तं पर्यरक्षत् । स राजा स्वां पुत्रिकां प्राप्तयौवनामन्वीक्ष्य दमयन्त्याः स्वयंवरमचिन्तयत् । यदि मम कन्या तथास्वस्था तदा कथं सुखं जीवितुं शक्नोमीति चिन्तयित्वा वीरा अयं स्वयंवरो ऽनुभूयतामिति पुत्रिकायाः कृते नृप आख्यात्।

tac chrutvā vidarbhapatir bhīmo kiṃ kāryam acintayat svāṃ putrikāṃ prati. anantaraṃ damayantyāḥ pitā bhīma upāyam akarot. sa svāṃ duhitaraṃ rakṣitum ārabhamānaḥ pitā tasmin dine manasā cittaṃ paryarakṣat. sa rājā svāṃ putrikāṃ prāptayauvanām anvīkṣya damayantyāḥ svayaṃvaram acintayat. yadi mama kanyā tathāsvasthā tadā kathaṃ sukhaṃ jīvitum śaknomīti cintayitvā vīrā ayaṃ svayaṃvaro 'nubhūyatām iti putrikāyāḥ kṛte nṛpa ākhyāt.

이것을 듣고 비다르바의 왕, 비마는 자신의 딸을 위해 무엇을 해야할 것인지 생각했다. 곧바로 다마얀띠의 아버지 비마가 해결책을 찾았다. 그 자기 딸을 지키기 시작한 아버지는 그날 마음으로 생각한 것을 전혀 드러내지 않았다 (← 완전히 감추어서 지켰다). 그 왕은 자신의 딸이 사춘기에 이르렀음을 확인하고 나서 다마얀띠의 (본인이 하는) 배우자 선택(의 행사)를 생각했다. "내 딸이 저렇게 정상이 아니면 내가 어떻게 행복하게 살 수 있겠는가!"라고 생각하고서 왕은 "영웅들이여! (vīrāḥ, 복수 부름격), 이 배우자 선택에 참여하라!"라고 다음 날 딸을 위해 선언했다.

▷ 16.03(05)

एतस्मिन्नेव काले वृद्धवृषी महात्मानाविन्द्रस्य लोकं गत्वा देवानां राजानमिन्द्रमनमतां तेन च समवदताम् । ताभ्यां दमयन्त्याः स्वयंवरं श्रुत्वा स इन्द्रो ऽप्यन्यैर्देवैः सह तं स्थानमगच्छत् ।

etasminn eva kāle vṛddhav ṛṣī mahātmānāv indrasya lokaṃ gatvā devānāṃ rājānam indram anamatāṃ tena ca samavadatām. tābhyāṃ damayantyāḥ svayaṃvaraṃ śrutvā sa indro 'py anyair devaiḥ saha taṃ sthānam agacchat.

바로 그때 나이가 많고 위대한 영혼을 가진 자들인 두 성인이 인드라의 세계로 가서 신들의 왕인 인드라에게 인사를 했고 그와 함께 이야기를 나누었다. 그 두 사람으로부터 다마얀띠의 배우자 선택 (행사)를 (전해) 듣고서 인드라도 또한 다른 신들과 함께 그 장소로 갔다.

▷ 16.03(06)

नलो ऽपि तच्छ्रुत्वा स्वयंवरं गन्तुमारब्धवान् । गच्छंश्च स देवैर्दृश्यते । ते देवा तं यशस्विनं सूर्यमिव दृष्ट्वाकाशादवतीर्य नलमब्रुवन् । भो भो राज्ञां राजन्नल । अस्माकं दूतो भवेति ।

nalo 'pi tac chrutvā svayaṃvaraṃ gantum ārabdhavān. gacchaṃś ca sa devair dṛśyate. te devā taṃ yaśasvinaṃ sūryam iva dṛṣṭvākāśād avatīrya nalam abruvan. bho bho rājñāṃ rājan nala, asmākaṃ dūto bhaveti.

날라도 또한 그 소식을 듣고서 배우자 선택(의 행사)를 향해 가기 시작했다. 그런데 가고 있는 그가 신들의 눈에 들어오게 되었다. 그 신들은 태양과 같이 눈부신 그를 보고서 하늘로부터(ākāśāt) 내려온 뒤에(ava-√tṝ) 날라에게 말했다. "오! 오! 왕들 중의 왕인 날라여! 우리들의 전령이 되어라(bhava)!"라고.

제17과
संस्कृतवाक्योपक्रिया

※17.11 예를 들어 gāyatrī(gāyatra의 여성형)가 베다의 운문 형식을 가리킬 때에는 **अनुष्टुभ्** (anuṣṭubh)과 다르게 8음절로 이루어진 빠다들 세 개가 한 운문을 이루는 형식을 말한다.

현대 학자들은 한 śloka 안에 자리잡은 네 빠다들을 각각 나누어 매 8음절마다 a, b, c, d로 번호를 붙여 구분하여 표시하는 관행을 따른다.

※17.12 이렇게 guru와 laghu 같은 쌍쓰끄리땀 용어를 사용하는 데에는, 현대 학자들이 일반적으로 이 용어를 차용해서 사용한다는 점도 고려되었다.

※17.14 음절에 짧은 모음이 자리잡고 있지만 뒤에 둘 이상의 자음이 따라오는 짧은 모음이기 때문에 구루 음절이 되는 경우에 해당되는 음절을 그 음절이 가진 모음의 길이 때문이 아니라 뒤따르는 자음의 앞에 오는 위치 때문에 guru가 되는 음절이라는 의미에서 위치에 의한(positional, long by position) guru-음절이라고 부르기도 한다.

※17.16(01) 현재 학습한 것과 다른 방식으로 운율의 단위를 세어야 하는 경우도 있는데, 알아 두어야 할 개념이 mātrā (모라, mora 복수 morae)개념이다. 라구 음절은 한 단위의 mātrā로 간주되고 구루 음절은 두 단위의 mātrā로 간주된다. 학습자들이 중세인도어를 배우게 될 때에 이 개념을 다시 만나게 될 것이다.

※17.17 **न हि खल्वनुपायेन कश्चिदर्थो ऽभिसिध्यति ।**

सूत्रजालैर्यथा मत्स्यान्बध्नन्ति जलजीविनः ॥

मृगैर्मृगाणां ग्रहणं पक्षिणां पक्षिभिर्यथा ।

गजानां च गजैरेवं ज्ञेयं ज्ञानेन गृह्यते ॥ 『महाभारतम्』

na hi khalv anupāyena kaś cid artho 'bhisidhyati |

sūtrajālair yathā matsyān badhnanti jalajīvinaḥ ||

mṛgair mṛgāṇāṃ grahaṇaṃ pakṣiṇāṃ pakṣibhir yathā |

gajānāṃ ca gajair evaṃ jñeyaṃ jñānena gṛhyate || *Mahābhārata*

⏑⏑—⏑⏑——⏑ —⏑——⏑—⏑⏑

—⏑——⏑——— ——⏑⏑⏑—⏑—

⏑—⏑——⏑⏑— —⏑——⏑—⏑—

⏑——⏑⏑——— ————⏑—⏑—

※17.18 운문을 통해 문학적인 감동을 극대화하기 위한 다양한 시도들뿐만 아니라 각자의 쌍쓰끄리땀 구사 능력을 과시하기 위한 극단적인 경우들까지도 있기 때문에 운문의 정확한 이해를 위해서는 쌍쓰끄리땀 문학사에서 운문의 형식적 다양성뿐 아니라 운문이 창작된 맥락과 의도의 다양성도 고려해야 한다. 작품의 전체 혹은 일부분에서 모든 입술소리 발음이 단 한 번도 사용하지 않았다거나, 작품 전체가 항상 동시에 두 가지 서로 다른 해석이 가능하도록 창작된 경우들을 예로 든다면 극단적이라고 해야 하겠지만, 쌍쓰끄리땀 문학사에서는 결코 드물지 않은 경우들이다.

※17.18(03) 내용상 빠다 단위로 의미가 끊기지 않고 구성되는 śloka의 예를 보자. 날라와 다마얀띠 이야기 중에서 나오는 아래의 문장이 예가 될 수 있다.

दमयन्ती तु रूपेण तेजसा यशसा श्रिया ।

सौभाग्येन च लोकेषु यशः प्राप सुमध्यमा ॥

damayantī tu rūpeṇa tejasā yaśasā śriyā |

saubhāgyena ca lokeṣu yaśaḥ prāpa sumadhyamā ||

그리고 다마얀띠는 그녀의 [아름다운] 외모와 광채와 영예와 행운과

복됨으로 세상에서 영예를 얻었다, [그] 허리가 아름다운 여자가.

여기에서는 saubhāgya [n.] "행복, 번영, 잘 지내고 누리기"라는 단어와 śrī [f.] "광명, 광채, 번영, 복, 행운"이라는 낱말만 추가로 알아 둔다면 의미 파악이 어렵지는 않을 것이다. 복합어인 su-madhyama는 "(몸의) 중간 부분(madhyama)이 아름다운(su-)"이라는 뜻이다. prāpa는 pra-√āp 5P. [prāpnoti] "도달하다, 얻다"의 완료형인데 나중에 배우게 될 것이다.

이 운문의 맨 앞에 나오는 주어 damayantī를 수식하는 표현, sumadhyamā가 운문의 맨 마지막에 자리잡고 있다. 보통의 산문으로 생각하자면 어순이 부자연스럽지만 한 śloka의 완결성을 나타내며 또한 sumadhyamā라는 표현이 위치에 의해 강조되는 효과를 얻는 것까지 고려한다면 운문 특유의 맛을 잘 살린 어순이라고 할 수 있겠다. 따라서 운문을 읽을 때에는 개별 운문의 전체를 한 단위로 파악하면서 다양하게 어순이 바뀌어 가는 것에 대해서도 익숙해질 필요가 있다.

※17.29 구속형의 영어 이름 gerundive와 독립형의 영어 이름 gerund를 혼동하지 않도록 주의해야 한다.

※17.28 구속형이 사용된 예로 **महाभारतम्** 에 나타난 아래 운문을 추가로 소개하겠다.

अबुद्धिमाश्रितानां च क्षन्तव्यमपराधिनाम् ।

न हि सर्वत्र पाण्डित्यं सुलभं पुरुषेणवै ॥ 『महाभारतम्』

abuddhim āśritānāṃ ca kṣantavyam aparādhinām |

na hi sarvatra pāṇḍityaṃ sulabhaṃ puruṣeṇa vai || *Mahābhārata*

(하는 행위가 무엇인지) 모르는 것에 의지한 채 잘못을 저지른 자들은 용서되어야 한다. 왜냐하면 학식이란 사람이 어디서나 쉽게 배울 수 있는 것이 아니기 때문이다.

여기에 나타난 표현들 중에 aparādha "잘못"에 뒷토 -in이 첨가되어 "잘못을 한 사람"을 뜻하는 단어가 aparādhin이다. √kṣam 1Ā.;4P. [kṣamate /

kṣāmyati] "참아내다, 조용히 있다, 용서하다"의 구속형이 kṣantavya이다. paṇḍita [m.] "배운 사람, 지식인" [a.] "배운, 현명한, 학식이 있는"에서 만들어진 추상명사가 pāṇḍitya [n.] "학식, 배움"이다. sulabha [a.] "얻기 쉬운, 성취하기 쉬운, 일상적인, 하찮은, 적당한, 잘 맞는" su-√labh에서 만들어진 단어이다.

※17.30 사태 수동(bhāve prayoga)의 경우에는 능동태(kartari prayoga) 문장에서 임자격으로 나타나는 행위자(kartṛ)는 분명하게 있기 때문에 이것이 수동태 문장에서 수단격으로 표현되지만 능동태 문장에서 대상격으로 나타나는 행위대상(karman)이 없기 때문에 수동태 문장에서 임자격으로 나타나야 하는 것이 있을 수가 없다. 이러한 사정 때문에 사태 수동 문장에서는 비어 있는 임자격의 자리를 불특정한 대상을 나타내는 3인칭 단수 대명사가 채우고 있다고 상정하고, 임자격으로 나타나는 단어가 없을지라도 수동형태의 동사는 3인칭 단수형을 사용한다.

※17.31 **येन मया दृष्टेन सर्पेण भवितव्यमिति मन्ये स रज्जुः ।**

yena mayā dṛṣṭena sarpeṇa bhavitavyam iti manye sa rajjuḥ.

내가 본 그것이 뱀일 것이라고 내가 생각한 그것은 밧줄이다.

yena와 sa가 서로 연관되는 관계문장이다. 문장을 이해할 때 우선 mayā dṛṣṭena sarpeṇa라는 구절을 묶어서 한 단위로 생각하고 그것이 yena와 동격으로 제시되어 bhavitavyam이 사용되는 문장을 이루고 있다고 생각하라. 이 문장 전체가 iti를 통해 생각하는 내용을 가리키는 문장이 되었다. 그런데 지시대명사 sa는 iti에 포함된 문장 안에 있는 yena와 짝을 이루는 관계문장이 되었다.

연습문제 풀이

▷ 17.01 다음 문장을 한국어로 옮기시오

▷ 17.01(01) **तस्य पुत्रस्य पुत्रे जायमाने मनस्वी ब्राह्मणः सर्वं त्यक्त्वा वनं गच्छति ।**

tasya putrasya putre jāyamāne manasvī brāhmaṇaḥ sarvaṃ tyaktvā vanaṃ gacchati.

그의 아들의 아들이 태어날 때 현명한 사제는 모든 것을 버리고 숲으로 간다.

▷ 17.01(02) **इह स्थेय त्वयेति वदतो मम त्वं त्यक्तः ।**

iha stheya tvayeti vadato mama tvaṃ tyaktaḥ.

"너는(tvayā) 여기 머물러라!"하고 내가 말했음에도 불구하고 너는 떠났다.

✔ 여기에서 vadataḥ-mama는 독립 가짐격이 사용된 예이다.

▷ 17.01(03) **मुनौ नृपं कृष्णस्य गोपीनां च कथां ब्रुवति स दुःखान्मुच्यते ।**

munau nṛpaṃ kṛṣṇasya gopīnāṃ ca kathāṃ bruvati sa duḥkhād mucyate.

성자가 왕에게 끄리스나와 여자 목동들의 이야기를 들려주자 그는 고통에서 벗어났다.

✔ duḥkhān mucyate로 싼디(☞05.02(03))를 하는 것도 가능하다

▷ 17.01(04) **सत्यं ज्ञेयं धर्मः कर्तव्यश्चेत्युपदेष्टव्यं गुरुणा ।**

satyaṃ jñeyaṃ dharmaḥ kartavyaś cety upadeṣṭavyaṃ guruṇā.

"진리는 인식되어야 하고 다르마는 행해져야 한다."고 스승이 가르쳐야만 한다.

▷ 17.01(05) **यो राजा भाव्यस्तस्मिन्नेव राज्ञि भवति जनाः सुखं जीवन्ति ।**

yo rājā bhāvyas tasminn eva rājñi bhavati janāḥ sukhaṃ jīvanti.

왕이 되어야 하는 자가 왕이 될 때 (rājñi bhavati, 독립 곳때격) 사람들은 행복하게 산다.

▷ 17.01(06) **ज्येष्ठस्य राजपुत्रस्य सतः स राजा नाभवत् ।**

jyeṣṭhasya rājaputrasya sataḥ sa rājā nābhavat.

가장 나이 많은 왕자였음에도 불구하고 (독립 가짐격) 그는 왕이 되지 않았다.

▷ 17.01(07) **यो व्याघ्रं द्रष्टुमिच्छति तेन सत्वरं वनं गमनीयम् ।**

yo vyāghraṃ draṣṭum icchati tena satvaraṃ vanaṃ gamanīyam.

호랑이를 보고 싶어 하는 자는 서둘러 숲에 가야한다.

▷ 17.01(08) **अभ्यासो न त्यक्तव्यो ऽनभ्यासे विषं विद्येत्याचार्यः शिष्यं वदति ।**

abhyāso na tyaktavyo 'nabhyāse viṣaṃ vidyetyācāryaḥ śiṣyaṃ vadati.

"(반복)연습은 그만두어서는 안 되며, (반복)연습이 없다면 지식은 독이다." 라고 스승(vidyā-iti-ācāryaḥ)은 제자에게 말한다.

✔ 이 문장의 경우에도 anabhyāse sati에서 sati가 생략되어 있다.

▷ 17.01(09) **किं कार्यं नलो दमयन्त्या अगच्छत् ।**

kiṃ kāryaṃ nalo damayantyā agacchat?

날라는 무슨 일/목적으로 다마얀띠에게 갔는가? (damayantyai-agacchat)

▷ 17.01(10) **इदं नगरं नृपस्य पानीयम् ।**

idaṃ nagaraṃ nṛpasya pānīyam.

이 도시는 왕에 의해 지켜져야 한다.

✔ 구속형의 행위자가 도구격이 아니라 가짐격으로 제시된 예이다. 하지만 다르게 pānīya를 명사적으로 해석해서 "지켜져야 할 것"이라고 이해하면 "이 도시는 왕의 수호되어야 할 대상이다."라고 이해할 수도 있다.

▷ 17.01(11) यथा देवेषु ब्रह्मा स्तव्यस्तथा जनेषु ब्राह्मणः स्तोतव्यः ।

yathā deveṣu brahmā stavyas tathā janeṣu brāhmaṇaḥ stotavyaḥ.

신들 중에서 브라흐마(m.)가 찬양될 만하듯, 사람들 중에서 사제가 찬양될 만하다.

▷ 17.02 다음 문장 안의 괄호를 주어진 의미에 맞도록 [ ]에 주어진 단어의 적당한 형태를 사용하여 쌍쓰끄리땀으로 채워 넣은 후에 전체 문장을 데바나가리로 적으시오.

▷ 17.02(01) tena brāhmaṇasya ( ) sa narakaṃ na ( ). [√han의 과거분사; √gam의 과거능동분사]

그에 의해 사제가 죽었음에도 불구하고 그는 지옥에 가지 않았다.

tena brāhmaṇasya hatasya sa narakaṃ na gatavān. (brāhmaṇasya hatasya는 독립 가짐격)

तेन ब्राह्मणस्य हतस्य स नरकं न गतवान् ।

▷ 17.02(02) kratāv īśvaraṃ vinā ( ) sa yajamāno yajñasya phalaṃ na ( ). [pra-√vṛt의 현재분사; pra-√āp의 과거형]

제사가 절대자 없이 행해졌기에 그 제사 주최자는 제사의 결실을 얻지 못했다.

kratāv īśvaraṃ vinā pravartamāne sa yajamāno yajñasya phalaṃ na prāpnot.

क्रतावीश्वरं विना प्रवर्तमाने स यजमानो यज्ञस्य फलं न प्राप्नोत् ।

▷ 17.02(03) yo ( ) karoti sa dharminā ( ). [dharma의 반대말; √han의 구속형]

정의롭지 못한 일을 하는 자는 정의로운 자가 죽여야만 한다.

yo 'dharmaṃ karoti sa dharminā hatavyaḥ.

योऽधर्मं करोति स धर्मिना हतव्यः ।

▷ 17.02(04) ya īśvaram aśapat tasya vaśe ( ) mayi ( ) 'yaṃ deśo mayā. [√bhū의 현재분사형; √hā의 구속형]

절대자를 저주한 자의 지배 아래 내가 있기 때문에 나는 이 땅을 떠나야 한다.

ya īśvaram aśapat tasya vaśe bhavati mayi heyo 'yaṃ deśo mayā.

य ईश्वरमशपत्तस्य वशे भवति मयि हेयोऽयं देशो मया ।

▷ 17.02(05) ( ) sundareṇa bālena rājaputreṇa ( ) ity acintayat apsarāḥ. [대명사 adas; √bhū의 구속형]

"저 잘생긴 소년은 왕자임에 틀림없다."라고 하늘의 요정이 생각했다.

amunā sundareṇa bālena rājaputreṇa bhavitavyam ity acintayad apsarāḥ.

अमुना सुन्दरेण बालेन राजपुत्रेण भवितव्यमित्यचिन्तयदप्सराः ।

▷ 17.02(06) ( ) kartavye ( ) 'pi tad rājyaṃ naṣṭam. [대명사 sarva; √kṛ의 과거분사]

해야할 모든 것이 행해졌지만 그 왕국은 멸망했다.

sarvasmin kartavye kṛte 'pi tad rājyaṃ naṣṭam.

सर्वस्मिन्कर्तव्ये कृतेऽपि तद्राज्यं नष्टम् ।

▷ 17.02(07) yaḥ sarvād ( ) icchati tena sarvaṃ ( ) vanaṃ gantavyaṃ tapaḥ kartavyaṃ ca. [√muc의 부정형; √tyaj의 구속형]

모든 것으로부터 해방되기를 원하는 자는 모든 것을 버리고 숲에 가서 고행을 해야 한다.

yaḥ sarvān moktum icchati tena sarvaṃ tyājyaṃ vanaṃ gantavyaṃ tapaḥ kartavyaṃ ca.

यः सर्वान्मोक्तुमिच्छति तेन सर्वं त्याज्यं वनं गन्तव्यं तपः कर्तव्यं च ।

▷ 17.02(08) yata ihāhaṃ ( ) tato na ( ) iti vīro munīn bhāṣate. [√sthā의 과거분사; √bhī의 구속형]

"내가 여기 있으니 두려워하지 마세요!"라고 영웅이 성자들에게 말한다.

yata ihāhaṃ sthitas tato na bhetavyam iti vīro munīn bhāṣate.

यत इहाहं स्थितस्ततो न भेतव्यमिति वीरो मुनीन्भाषते ।

▷ 17.02(09) kārye ( ) sa bālo 'pi yuddhe śatrūn ( ). [√kṛ의 구속형; √yudh의 과거능동분사]

과업을 이루어야 했기 때문에 그는 소년임에도 불구하고 전장에서 적들과 싸웠다.

kārye kartavye sa bālo 'pi yuddhe śatrūn yuddhavān.

कार्ये कर्तव्ये स बालो ऽपि युद्धे शत्रून्युद्धवान् ।

▷ 17.02(10) yajñe vartamāne brāhmaṇair havir agnaye ( ) agninā ca tad anyebhyo devebhyo ( ). [√hu의 구속형; √dā의 구속형]

제사가 진행되는 경우 사제들에 의해 공물이 아그니에게 바쳐져야 하고 아그니에 의해 다른 신들에게 주어져야 한다.

yajñe vartamāne brāhmaṇair havir agnaye hotavyam agninā ca tad anyebhyo devebhyo deyam.

यज्ञे वर्तमाने ब्राह्मणैर्हविरग्नये होतव्यमग्निना च तदन्येभ्यो देवेभ्यो देयम् ।

▷ 17.02(11) ( ) sa bālako mama putra iti nṛpeṇa ( ). [√bhū의 구속형; √cint의 수동 과거형]

"저 소년이 틀림없이 내 아들이다."라고 왕은 생각했다.

bhavitavyaṃ sa bālako mama putra iti nṛpeṇācintyata.

भवितव्यं स बालको मम पुत्र इति नृपेणाचिन्त्यत ।

▷ 17.02(12) nakte ( ) 'pi candrāt puruṣās tamaso na ( ). [pra-√āp의 과거분사; √bhī의 현재형]

밤이 왔음에도 불구하고 달 때문에 사람들을 어둠을 두려워하지 않는다.

nakte prāpte 'pi candrāt puruṣās tamaso na bibhyati.

नक्ते प्राप्ते ऽपि चन्द्रात्पुरुषास्तमसो न बिभ्यति ।

▷ 17.03 다음 이야기를 한국어로 옮기시오. (날라와 다마얀띠 이야기 3)

▷ 17.03(01)

एवं गते युष्माकं दूतो भवामीति नलेनोक्त एवं च तेन पृष्टः । के भवन्तः । केनाहं दूत ईप्सितः । किं मया कार्यं मयि वो दूते । कथयत यथार्थत इति ।

evaṃ gate yuṣmākaṃ dūto bhavāmīti nalenokta evaṃ ca tena pṛṣṭaḥ. ke bhavantaḥ? kenāhaṃ dūta īpsitaḥ? kiṃ mayā kāryaṃ mayi vo dūte? kathayata yathārthata iti.

일이 그렇게 되었을 때 "제가 그대들의 전령이 되겠습니다." 라고 날라가 말을 건넨 그는 또 이렇게 그에게서 질문을 받았다. "그대들은 누구이신가요? 누가 저를 전령으로 원하시는가요? 내가 그대들의 전령인 경우에 내가 해야 할 일은 무엇인가요? 사실대로(yathārthatas) 말해 주세요."

▷ 17.03(02)

एवं नलेन पृष्टो देव इदं वाक्यमब्रवीत् । अमरानस्मान्दमयन्त्या अर्थमागतान्निबोध । यद्वयं वदन्ति तत्त्वया कर्तव्यं यथेच्छामस्तथा नान्यथेति ज्ञेयं त्वया । अहमिन्द्रश्चायमग्निश्चायं वरुणश्च स यमो यो जनानां

शरीरस्यान्तकरश्च । त्वमागतानस्मान्दमयन्त्यै निवेदय । तेषामन्यतमो देवस्तव पतिर्भवितव्यमिति वक्तव्यं त्वया ।

evaṃ nalena pṛṣṭo deva idaṃ vākyam abravīt. amarān asmān damayantyā artham āgatān nibodha. yad vayaṃ vadanti tat tvayā kartavyaṃ yathecchāmas tathā nānyatheti jñeyaṃ tvayā. aham indraś cāyam agniś cāyaṃ varuṇaś ca sa yamo yo janānāṃ śarīrasyāntakaraś ca. tvam āgatān asmān damayantyai nivedaya. teṣām anyatamo devas tava patir bhavitavyam iti vaktavyaṃ tvayā.

이와 같이 날라에게서 질문을 받은 신이 이런 말을 했다. "우리들은 불멸이며 다마얀띠 때문에 왔다는 것을 너는 알라(imp. 2. sg)! '우리가 말하는 것을 우리가 원하는 대로(yathā-icchāmas), 그리고 다르지(anyathā) 않게, 너는 수행해야 한다.'고 너는 알아야 한다. 나는 인드라이고, 이 (신)은 아그니이고, 이 (신)은 바루나이고, 또 저 (신)은 사람들의 육신의 종말을 만드는 야마이다. 너는 우리들이 왔다는 것을 다마얀띠에게 알려라! '그 (온 신)들 중에서 한 신이 너의 남편이 되어야 한다!' 라고 네가 말해라!"

✔ 여기에서 긴 인용문 안에 포함된 작은 인용문들이 각각 또 다시 iti로 표시되어 있는 예를 볼 수 있다.

▷ 17.03(03)

एवमुक्तवति नलः प्राञ्जलिरब्रवीत् । अहमपि तदर्थमिहागतस्तस्मादेवं कार्यं कर्तुं न शक्नोमीति । देव उक्तवान् । दूतो भवामीति पूर्वं तेन संश्रुतमस्मासु । सर्वदा संश्रुतं कर्तव्यं । त्वयि संश्रुते ऽपि कस्माद्न कर्तुमर्हामीति वदसि । अनन्तरं प्रक्रमणीयं त्वयेति ।

evam uktavati nalaḥ prāñjalir abravīt. aham api tadartham ihāgatas tasmād evaṃ kāryaṃ kartuṃ na śaknomīti. deva uktavān. dūto bhavāmīti pūrvaṃ tena saṃśrutam asmāsu. sarvadā saṃśrutaṃ kartavyaṃ. tvayi saṃśrute 'pi kasmād na kartum arhāmīti vadasi? anantaraṃ prakramaṇīyaṃ tvayeti.

그와 같은 말을 들었을 때 (sati 생략) 합장을 한 날라는 말했다. "저도 또한 그(와 같은) 목적으로 이곳에 왔습니다. 그러므로 그와 같은 일을 할 수가 없습니다." 신이 말했다. " '전령이 되겠다.'라고 (방금) 전에 네가 우리들에게 약속을 했다. 언제나 약속된 것은 지켜져야만 (← 수행되어야만) 한다. 네가 약속을 했는데에도, 왜 너는 '나는 할 수 없다.'고 말하는가? 너는(tvayā) 즉시 떠나거라!"

✔ 여기에서 긴 인용문 안에 포함된 작은 인용문들이 각각 또 다시 iti로 표시되어 있는 예를 볼 수 있다.

ᐅ 17.03(04)

देवेष्वेवमुक्तवत्सु नलः पुनरब्रवीत् । कथं तत्र परिरक्षितं दमयन्त्या वासं प्रवेष्टुं शक्नोमि । त्वं प्रवेष्टुं शक्नोषीति वदति इन्द्रे तत्कालं तस्य देवस्य शक्त्या नलो दमयन्त्याः समीपं गन्तुमर्हति ।

deveṣv evam uktavatsu nalaḥ punar abravīt. kathaṃ tatra parirakṣitaṃ damayantyā vāsaṃ praveṣṭuṃ śaknomi? tvaṃ praveṣṭuṃ śaknoṣīti vadati indre tatkālaṃ tasya devasya śaktyā nalo damayantyāḥ samīpaṃ gantum arhati.

이와 같이 신들이 말했을 때(복수형 독립 곳때격) 날라는 다시 말했다. "(엄하게) 경비되고 있는 그곳 다마얀띠의 거처에 제가 들어가는 것이 어떻게 가능하겠습니까?" "너는 들어갈 수 있다."라고 인드라가 말했을 때 그와 동시에 그 신의 능력에 의해 날라는 다마얀띠의 근처로 가는 것이 가능했다.

ᐅ 17.03(05)

तत्र दमयन्तीं दृष्ट्वा नलो ऽचिन्तयत् । अतीव सुन्दरी च कन्यारत्नं च सा । तस्या वपुषः स्वेन तेजसा चन्द्रस्य तेजो दूष्यते यथेति। किंतु तस्य कामस्य

विवर्धमानस्य देवेभ्यः संश्रुतेन मनसिजमधारयत् ।

tatra damayantīṃ dṛṣṭvā nalo 'cintayat. atīva sundarī ca kanyāratnaṃ ca sā! tasyā vapuṣaḥ svena tejasā candrasya tejo dūṣyate yatheti. kiṃ tu tasya kāmasya vivardhamānasya devebhyaḥ saṃśrutena manasijam adhārayat.

그곳에서 다마얀띠를 보고서 날라는 생각했다. "그녀는 매우 아름다우며 보석같은 소녀로구나. 그녀의 몸의 자체 발광이 마치 달빛을 물리치는 것 같구나!" 그러나 그의 사랑이 커져 갔음에도 불구하고 신들을 향한 약속 때문에 그는 사랑의 마음을 자제하였다.

✔ √duṣ 4P. [duṣyati]의 시킴형(caus.) dūṣayati가 "나쁘게 하다"의 의미로 사용되어 "반박하다, 물리치다"의 뜻으로 사용되고 있는데, 여기에서는 수동형이 쓰이고 있다.

▷ 17.03(06)

अथेमं रूपस्विनं दृष्ट्वा दमयन्त्यपि विस्मिता हसन्तं नलमभाषत । कस्त्वं मम मनसिजस्य विवर्धमानं प्राप्तो ऽसि । यशस्वन्तं वीरं त्वां ज्ञातुमिच्छामि । कथं चागन्तुं शक्नोषीह परिरक्षितं मे स्थानम् ।

athemaṃ rūpasvinaṃ dṛṣṭvā damayanty api vismitā hasantaṃ nalam abhāṣata. kas tvaṃ mama manasijasya vivardhamānaṃ prāpto 'si? yaśasvantaṃ vīraṃ tvāṃ jñātum icchāmi. kathaṃ cāgantuṃ śaknoṣīha parirakṣitaṃ me sthānam.

그리고 다마얀띠도 이 잘 생긴 자를 보고 놀랐으며 웃고 있는 그에게 말했다. "나의 사랑이 자라는 것을 만들어 낸 그대는 누구인가요? 영예로운(yaśasvat ☞14.22(02)) 영웅인 그대를 알고 싶습니다! 그리고 그대는 어떻게 내가 있는 잘 경비되고 있는 이곳에 올 수 있습니까?"

▷ 17.03(07)

एवं तस्यां वदति नलस्तामुक्तवान् । नलं मां देवानां च दूतमिहागतं विद्धि । तेषामेव शक्त्या प्रविष्टो ऽहं तव स्थानम् । देवास्त्वां भार्यां प्राप्तुमिच्छन्ति । इन्द्रो ऽग्निर्वरुणो यमश्च । तेषामन्यतमो देवस्तव पतिर्भवितुमर्हति । अहमेतदर्थमागतो । एतच्छ्रुत्वा बुद्धिं प्रकुरुष्व यथेच्छसि यथेच्छसि ।

evaṃ tasyāṃ vadati nalas tām uktavān. nalaṃ māṃ devānāṃ ca dūtam ihāgataṃ viddhi. teṣām eva śaktyā praviṣṭo 'haṃ tava sthānam. devās tvāṃ bhāryāṃ prāptum icchanti. indro 'gnir varuṇo yamaś ca. teṣām anyatamo devas tava patiṃ bhavitum arhati! aham etad artham āgato. etac chrutvā buddhiṃ prakuruṣva yathecchasi.

이와 같이 그녀가 말했을 때 날라는 그녀에게 말했다. "나는 날라이고 신들의 전령으로 이곳에 왔음을 알아주시오! (√vid 2인칭 명령형 단수) 그들의 힘에 의해서 당신의 거처로 들어왔소. 신들이 그대를 부인으로 삼기를 원하오. 인드라, 아그니, 바루나, 야마, 그들 중에서 한 신이 그대의 남편이 되게 하십시오! (☞✤16.10) 나는 그런 목적으로 이곳에 왔소. 이것을 듣고서 그대가 원하는 대로 마음을 정하시오!"

제18과
संस्कृतवाक्योपक्रिया

※18.07 아래 운문을 해석하는 일에 도전해 보기 바란다. 구속형과 미래형에 대한 좋은 연습거리가 될 것이다. 쉽지 않겠지만, 주어진 한글 해석을 토대로 운문의 내용을 문법적으로 정확하게 이해하고 설명할 수 있는지 스스로 시험해 보기 바란다. 문장의 구성이 빠다 단위로 구분되어 이해될 수 있는 방식으로 이루어진 경우가 아니면 초보자들에게는 이해하기 어렵게 되는 것이 당연하다. 이 운문을 이해하기 위해 추가로 필요한 낱말들은 다음과 같다.

ā-√vah 1PĀ. [āvahati, āvahate] 이끌어 가다, 가져오다, 초대하다, 부르다 (caus.) āvahayati 가까이 오게 하다

saṃśānta [a.] 완전히 누그러뜨리다, 완전히 가라앉히다, 제거된, 죽은

vibudha [m.] 신

bhṛtya [a.] 받쳐져야 하는, 유지되어야 하는 [m.] 지원을 받아야 하는 자, 종속적인 사람, 시종

यं यं देवं त्वमेतेन मन्त्रेणावाहयिष्यसि।

तेन तेन वशे भद्रे स्थातव्यं ते भविष्यति॥

अकामो वा सकामो वा न स नैष्यति ते वशम्।

विबुधो मन्त्रसंशान्तो वाक्ये भृत्य इवानतः॥

yaṃ yaṃ devaṃ tvam etena mantreṇāvāhayiṣyasi

tena tena vaśe bhadre sthātavyaṃ te bhaviṣyati.

akāmo vā sakāmo vā na sa naiṣyati te vaśam

vibudho mantrasaṃśānto vākye bhṛtya ivānataḥ.

네가 이 주문으로 불러내게 될 신이라면 각각이 모두

친애하는 이여(f.)! 너의 지배 아래 머물게 될 것이다.

원하지 않던 원하던 간에, 그 신은 너의 지배에 들지 않을 수 없을 것인데, 그 주문에 완전히 제압되어 너의 말에 시종처럼 굽신거리게 될 것이다.

첫째 줄 yaṃ yaṃ과 둘째 줄 tena tena 가 반복되어 "모든 개별적인"을 의미하는 관계문장이다. ā-√vah의 시킴형, āvahayati "가까이 오게 하다"는 -aya로 끝이 나고 이것이 제10갈래 동사의 미래형과 같이 다루어지고 있다는 것을 볼 수 있다. 둘째 줄 bhadre는 여성형 bhadrā의 부름격이고 "복 받은 자여!"를 의미하여 친애하는 사람을 부르는 표현이다. 둘째 줄 sthātavya가 구속형이어서 그 내용상 주어가 수단격으로 표현되어 tena로 나타나고 있다. 둘째 줄에 분사로서의 구속형 sthātavya가 be동사에 해당하는 √bhū와 함께 쓰이고 있다. 이 경우 이렇게 보조동사의 역할을 하는 동사가 함께 쓰이는 것이 특정한 모매김(aspect)을 나타내고 있는지에 대해서는 개별적인 경우에 따라 판단을 해야 한다. 이 판단이 시대에 따라 구분되어야 할지 혹은 해당 텍스트의 장르에 따라 구분되어야 할지도 다른 문제이다. 셋째 줄에서는 na na가 쓰여 이중부정이 이루어지면서 강한 긍정을 나타내고 있고, 셋째 줄의 sa가 넷째 줄에서 "신"을 의미하는 vibudha와 함께 임자격으로 주어를 구성하고 있다. 넷째 줄의 구속형 bhṛtya는 "지원을 받아야 하는 사람"이라는 의미에서 종속적인 사람을 뜻하며 "시종"을 의미하는 명사로 사용되고 있다.

연습문제 풀이

18.01 다음 문장을 한국어로 옮기시오.

ᗡ 18.01(01) **यजमानः क्रताविमं पशुं होष्यते।**

yajamānaḥ kratāv imaṃ paśuṃ hoṣyate.

제사 주최자는 의식에서 이 가축을 바칠 것이다.

ᗡ 18.01(02) **कर्षको वृद्धेन नावा नदीं तरंस्तस्या नद्या मध्ये निमज्जन्तं ब्रह्मचारिनमपश्यत्।**

karṣako vṛddhena nāvā nadīṃ taraṃs tasyā nadyā madhye nimajjantaṃ brahmacārinam apaśyat.

낡은 배를 타고 강을 건너던 농부는 그 강의 중간에서 물에 빠진 금욕 수행자를 보았다.

ᗡ 18.01(03) **धिक्त्वां नक्तं त्वया कृतात्कर्मनो ऽहं श्वो मर्तास्मि।**

dhik tvāṃ naktaṃ tvayā kṛtāt karmano 'haṃ śvo martāsmi.

경칠 녀석! 네가 밤에 한 일 때문에 나는 내일 죽을 것이다.

ᗡ 18.01(04) **अस्य वृक्षस्य समीपे स चेन्नासत्स्यत्सिंहो न तमहनिष्यदिति तस्य वृक्षस्य भुज उपविशन्काको हतं मृगं पश्यंश्चिन्तयति स्म।**

asya vṛkṣasya samīpe sa cen nāsatsyat siṃho na tam ahaniṣyad iti tasya vṛkṣasya bhuja (← bhuje) upaviśan kāko hataṃ mṛgaṃ paśyaṃś cintayati sma.

"이 나무 근처에서 앉지(√sad) 않았더라면 사자가 그를 죽이지 않았을 터

인데."라고 그 나뭇가지에 내려앉은 까마귀가 죽은 사슴을 보면서 생각했다.

▷ 18.01(05) **स मुनिर्वनं धक्ष्यन्तं कर्षकं मा करोत्विति वक्ष्यति।**

sa munir vanaṃ dhakṣyantaṃ karṣakaṃ mā karotv iti vakṣyati.

그 성자는 숲을 태우려고 하는 농부에게 "하지 마세요!"라고 말할 것이다.

▷ 18.01(06) **त्रिजगतः क्षयात्परं ब्रह्मा तत्पुनः स्रक्ष्यति।**

trijagataḥ kṣayāt paraṃ brahmā tat punaḥ srakṣyati.

삼세의 종말 이후에 브라흐마([m.])가 그것을 다시 만들어낼 것이다.

▷ 18.01(07) **सा देवी भुवि बद्धापि पुरुषेभ्यो मुक्तिं ददाति।**

sā devī bhuvi baddhāpi puruṣebhyo muktiṃ dadāti.

그 여신은 땅에 묶여있음에도 불구하고 사람들에게 해방을 준다.

▷ 18.01(08) **तस्य कार्यस्य प्राप्तये स ब्राह्मणो यक्ष्यति।**

tasya kāryasya prāptaye sa brāhmaṇo yakṣyati.

그의 할 일을 성취하기 위해 그 사제는 제사를 지낼 것이다.

▷ 18.01(09) **अपि श्वस्तव गा गङ्गामानयिष्यसीत्येकः कर्षकस्तस्य सुहृदं पृच्छति।**

"api śvas tava gā gaṅgām ānayiṣyasi" ity ekaḥ karṣakas tasya suhṛdaṃ pṛcchati.

"내일 너는 네 소들을(gāḥ) 갠지스 강으로 데리고 갈 것이냐?'"라고 한 농부가 그의 친구에게 묻는다.

▷ 18.01(10) **अस्माद्युद्धात्परं जना वीरान्स्तोतारः।**

asmād yuddhāt paraṃ janā vīrān stotāraḥ

이 전투 이후에 사람들을 영웅들을 칭송할 것이다. (stavitāraḥ도 가능하다)

▷ 18.01(11) **मम पुत्रस्य पुत्रे दृष्टे ऽरण्ये तपसे च मुक्तये च वत्स्यामीति**

बुद्धिमांश्चिन्तयिष्यति।

"mama putrasya putre dṛṣṭe 'raṇye tapase ca muktaye ca vatsyāmi" iti buddhimāṃś cintayiṣyati.

"내 아들의 아들을 본다면(→ 손자가 태어난다면) 고행과 해탈을 위해 나는 숲에서 살겠다"라고 현명한 자는 생각할 것이다.

▷ 18.02 다음 문장 안의 괄호를 주어진 의미에 맞도록 [ ]에 주어진 단어의 적당한 형태를 사용하여 쌍쓰끄리땀으로 채워 넣은 후에 전체 문장을 데바나가리로 적으시오.

▷ 18.02(01) tapaś ( ) api yat tvam āptum icchasi tan na lapsyase. [√car의 미래형; √labh의 미래형]

네가 고행을 하게 되더라도 너는 네가 얻기 원하는 것을 얻지 못할 것이다.

tapaś cariṣyasy api yat tvam āptum icchasi tan na lapsyase.

तपश्चरिष्यस्यपि यत्त्वमाप्तुमिच्छसि तन्न लप्स्यसे।

▷ 18.02(02) sa tasya pitaraṃ ( ) śatruṃ na ( ). [√han의 과거능동분사; √kṣam의 미래형]

그는 그의 아버지를 죽인 적을 용서하지 않을 것이다.

sa tasya pitaraṃ hatavantaṃ śatruṃ na kṣaṃsyati.

स तस्य पितरं हतवन्तं शत्रुं न क्षंस्यति।

▷ 18.02(03) asmin yuddhasya kṣetre ( ) janaḥ svargaṃ ( ). [√mṛ의 과거분사; √gam의 미래형]

이 전쟁터에서 죽은 사람은 하늘나라에 갈 것이다.

asmin yuddhasya kṣetre mṛto janaḥ svargaṃ gamiṣyati.

अस्मिन्युद्धस्य क्षेत्रे मृतो जनः स्वर्गं गमिष्यति।

ᐅ 18.02(04) vartamāne taiḥ ( ) karmaṇāsmiñ jagati vasanto jantavaḥ punar ( ) [√kṛ의 과거분사; ud-√bhū의 미래형]

현재 그들이 행하는 일에 따라 이 세계에 살고 있는 생명체들은 다시 태어날 것이다.

vartamāne taiḥ kṛtena karmaṇāsmiñ jagati vasanto jantavaḥ punar udbhaviṣyanti.

वर्तमाने तैः कृतेन कर्मणास्मिञ्जगति वसन्तो जन्तवः पुनरुद्भविष्यन्ति।

ᐅ 18.02(05) rājā ( ) jyeṣṭhaḥ kumāraḥ sumukhaś ca vīraś ca paṇḍitaś ca tataḥ puruṣāḥ "sa nṛpo bhavitum ( )" iti vadanti. [√bhū의 미래형 분사; √arh의 현재형]

왕이 될 첫 번째 왕자는 잘 생기고 용감하고 학식이 있어서 사람들은 "그는 왕이 될 자격이 있다."고 말한다.

rājā bhaviṣyañ jyeṣṭhaḥ kumāraḥ sumukhaś ca vīraś ca paṇḍitaś ca tataḥ puruṣāḥ "sa nṛpo bhavitum arhati" iti vadanti.

राजा भविष्यञ्ज्येष्ठः कुमारः सुमुखश्च वीरश्च पण्डितश्च ततः पुरुषाः स नृपो भवितुमर्हतीति वदन्ति।

ᐅ 18.02(06) śiṣya ācāryeṇa saha pustakaṃ ( ) paścād gṛhaṃ gatvā ca tat punaḥ ( ) ca. [√paṭh의 독립형; √paṭh의 대체미래형]

학생은 스승과 함께 책을 낭송하고 나서 나중에 집에 간 후에 그것을 읽을 것이다.

śiṣya ācāryeṇa saha pustakaṃ paṭhitvā paścād gṛhaṃ gatvā ca tat punaḥ paṭhitā ca.

शिष्य आचार्येण सह पुस्तकं पठित्वा पश्चाद्गृहं गत्वा च तत्पुनः पठिता।

▷ 18.02(07) sa vīro 'pi janmano rājaputryāḥ svayaṃvaraṃ (   ) na (   ). [pary-upa-√ās의 부정형; √śak의 과거형]

그는 영웅임에도 불구하고 출생 때문에 공주의 배우자선택에 참여할(←함께 앉을) 수 없었다.

sa vīro 'pi janmano rājaputryāḥ svayaṃvaraṃ paryupāsituṃ nāśaknot.

स विरो ऽपि जन्मनो राजपुत्र्याः स्वयंवरं पर्युपसितुं नाशक्नोत्।

▷ 18.02(08) āśramaṃ (   ) muninā saha rājñaḥ putrau tam eṣyataḥ. [prati-ā-√gam의 미래분사형; √i의 미래형]

수행처로 돌아가게 될 성자와 함께 왕의 두 아들은 그리로 갈 것이다.

āśramaṃ pratyāgamiṣyatā muninā saha rājñaḥ putrau tam eṣyataḥ.

आश्रमं प्रत्यागमिष्यता मुनिना सह राज्ञः पुत्रौ तमेष्यतः।

▷ 18.02(09) pratidinaṃ tu naktaṃ (   ) cintāyās tasya rāyaḥ patiḥ (   ) nāśaknot. [rai [m.] 곳때격; √svap의 부정형]

그런데 날마다 밤에 재산 걱정 때문에 그 [재산의] 주인은 잘 수 없었다.

pratidinaṃ tu naktaṃ rāyi cintāyās tasya rāyaḥ patiḥ svapituṃ nāśaknot.

प्रतिदिनं तु नक्तं रायि चिन्तायास्तस्य रायः पतिः स्वपितुं नाशक्नोत्।

▷ 18.02(10) yadi nalo damayantīṃ na (   ) tarhi sā kevalaṃ na (   ). [√tyaj의 조건형; √rud의 조건형]

만약 날라가 다마얀띠를 버리지 않았더라면, 그녀는 혼자서 울지 않았을 것이다.

yadi nalo damayantīṃ nātyakṣyat tarhi sā kevalaṃ nārodiṣyat.

यदि नलो दमयन्तीं नात्यक्ष्यत्तर्हि सा केवलं नारोदिष्यत्।

▷ 18.02(11) yatra yatra patir (   ) tatra tatra tasya bhāryā (   ). [√gam의 대체미래

형; anu-√gam의 대체미래형]

남편이 갈 곳마다 그의 부인도 따라갈 것이다.

yatra yatra patir gantā tatra tatra tasya bhāryānugantā.

यत्र यत्र पतिर्गन्ता तत्र तत्र तस्य भार्यानुगन्ता।

▷ 18.02(12) vana ṛṣīṃś ca munīṃś ca ( ) rākṣasā vīrābhyāṃ ( ). [√bādh의 현재 분사형; √han의 미래수동형]

숲에서 현인들과 성자들을 괴롭히는 락사싸들은 두 영웅에 의해 죽을 것이다.

vana ṛṣīṃś ca munīṃś ca bādhanto rākṣasā vīrābhyāṃ haniṣyante.

वन ऋषींश्च मुनींश्च बाधन्तो राक्षसा वीराभ्यां हनिष्यन्ते।

▷ 18.03 다음 이야기를 한국어로 옮기시오. (날라와 다마얀띠 이야기 4)

▷ 18.03(01)

सा देवेभ्यो नमस्कृत्य हसन्ती नलमब्रवीत् । राजन्मां प्रणयस्व । यद्भवान्वक्ष्यति तदेव करिष्यामि । यथा भवानिच्छति तथा भविष्यामीति । सा च कामस्य वशं गता राजपुत्री मनसिजस्य वशे तिष्ठन्तं राजमपृच्छत्किं ते करवाणीति ।

sā devebhyo namaskṛtya hasantī nalam abravīt. "rājan māṃ praṇayasva. yad bhavān vakṣyati tat eva kariṣyāmi. yathā bhavān icchati tathā bhaviṣyāmi" iti. sā ca kāmasya vaśaṃ gatā rājaputrī manasijasya vaśe tiṣṭhantaṃ rājam apṛcchat. "kiṃ te karavāṇi" iti.

그녀는 신들에게 예를 올린 뒤 미소지으며 날라에게 말했다. "왕이시여, 저를 이끌어 가세요! 그대가 말하는 바로 그것을 나는 하겠습니다. 그대가 원하는 대로 그대로 내가 되겠습니다."라고. 그리고 그 사랑에 사로잡힌 공주는 사랑에 사로잡힌 왕에게 물었다. "당신을 위해(tvam의 위함격) 내가 무엇을 해야 합니까?" (karavāṇi, √kṛ의 P. 명령형 1인칭 단수)라고.

D 18.03(02)

अहं चैव ममापि राश्चान्यद्यद्मम किं चन च तत्सर्वं तव ईश्वर । यद्धि हंसस्य वचनं तच्चिरेण मां दहति । हंसश्चेन्न त्वामभाषिष्यत स्वयंवरो न कदाप्यकरिष्यत । यद्यहं कामेन दग्धुमर्हामीति भगवतो मतिश्चेत्तदा मया कृतं तव दर्शनमिमां कामिनीं धक्ष्यति । तव कृते हि मया वीराणां राज्ञां समयं कृतमिह । यदि चेत्त्वं मां न विवक्ष्यसि तर्हि विषं वाग्निं वा जलं वा रज्जुं वास्थातास्मि तव कारणादिति ।

"ahaṃ caiva mamāpi rāś cānyad yad mama kiṃ cana ca tat sarvaṃ tava īśvara. yad dhi haṃsasya vacanaṃ tac cireṇa māṃ dahati. haṃsaś cen na tvām abhāṣiṣyata svayaṃvaro na kadāpy akariṣyata. yady "ahaṃ kāmena dagdhum arhāmi" iti bhagavato matiś cet, tadā mayā kṛtaṃ tava darśanam imāṃ kāminīṃ dhakṣyati. tava kṛte hi mayā vīrāṇāṃ rājñāṃ samayaṃ kṛtam iha. yadi cet tvaṃ māṃ na vivakṣyasi tarhi viṣaṃ vāgniṃ vā jalaṃ vā rajjuṃ vāsthātāsmi tava kāraṇād" iti.

"나와 나의 재산(rāḥ 단수 임자격) 뿐 아니라 다른 나의 어떤 것들도 모두 다 당신의 것입니다, 주인이시여! 거위의 말이 실로 나를 오랫동안 불태우고 있습니다. 만약 거위가 당신에 대해 말하지 (abhāṣiṣyata 조건형 Ā. 3인칭 단수) 않았더라면 신랑간택식은 절대로 열리지 않았을(←만들어지지 않았을, akariṣyata 조건형 수동 3인칭 단수) 것입니다. 만약 "내가 사랑에 불 타도 된다."는 것이 그대의 생각이라면, 내가 행한 그대를 본 일이 이 사랑에 빠진 여인을 태울 것입니다. 오직 당신을 위해 내가 용맹한 왕들의 모임을 여기 만들었습니다. 만약 당신이 나와 결혼을 하지 않는다면 나는, 당신 때문에, 독을 먹거나, 불이나 물에 뛰어들거나, 밧줄에 목을 맬 것입니다(←독이나 불이나 물이나 밧줄에 의지할 것입니다, āsthātāsmi, ā-√sthā 대체미래형 일인칭 단수)."

▷ 18.03(03)

एवं तस्यामुक्तवति नलस्तामुक्तवान् । तिष्ठत्सु देवेषु कथं मानुषमिच्छसि । येषामहं लोककृतामीश्वराणां महात्मनां पादजलेन न तुल्यस्तेषु तव मनो वर्तताम् । मर्त्यश्चेद्देवानां विप्रियं करिष्यति तदाहं मृतं नयिष्यते । त्वं देवान्वरयस्वेति। ।

evaṃ tasyām uktavati nalas tām uktavān. "tiṣṭhatsu deveṣu kathaṃ mānuṣam icchasi. yeṣām ahaṃ lokakṛtām īśvarāṇāṃ mahātmanāṃ pādajalena na tulyas teṣu tava mano vartatām. martyaś cet devānāṃ vipriyaṃ kariṣyati, tadāhaṃ mṛtaṃ nayiṣyate. tvaṃ devān varayasva"iti.

그녀가 그와 같이 말했을 때(독립 곳때격) 날라가 그녀에게 말했다. "신들이 있는데도 불구하고(독립 곳때격) 어떻게 인간을 원한다는 말이오? 세상의 창조자들이고 위대한 영혼을 지닌 신들의 발 씻는 물과도 나는 견줄 수 없으니(←같지 않다), 그 신들에게 그대의 마음이 가도록 하시오(vartatām, √vṛt 명령형 Ā. 삼인칭 단수). 죽을 수밖에 없는 (인간으로) 신들에게 거슬리는 행동을 한다면 나는 죽음으로 인도될 것이오(nayiṣyate, √nī 미래수동형). 당신은 신들을 선택하시오!" (varayasva, √vṛ 시킴형, 명령형 Ā. 2인칭 단수) 라고.

▷ 18.03(04)

तथा नलेनोक्त्वा सा शोचन्त्यपि स्मितेन शान्त्या नलमवदत् । यः कथं चन तव दोषो न भविष्यमान उपायो ऽस्ति स एवं मया दृष्टः। त्वं चैव सर्वैर्देवैः सहितश्चागमिष्यसि मम स्वयंवरम् । ततो ऽहं देवानां मध्ये त्वां वरयिष्ये । नैवं तव दोषो भविष्यतीति ।

tathā nalenoktvā sā śocanty api smitena śāntyā nalam avadat. "yaḥ kathaṃ cana tava doṣo na bhaviṣyamāna upāyo 'sti sa evaṃ mayā dṛṣṭaḥ. tvaṃ caiva sarvair devaiḥ sahitaś cāgamiṣyasi mama svayaṃvaram. tato 'haṃ devānāṃ madhye tvāṃ varayiṣye. naivaṃ tava doṣo bhaviṣyati" iti.

그와 같이 날라가 말하자 그녀는 슬펐지만(√śuc, 현재분사 여성형 임자격) 웃으며 차분하게 날라에게 말했다. "당신에게 어떻게든 해가 되지 않을 그런 방법이 있는데, 그 방법을 내가 찾았습니다. 당신은 모든 신들을 동반하고 나의 신랑간택식으로 올 것입니다. 그리하여 나는 신들 가운데에서 당신을 고를 것입니다. 이와 같이 당신에게 해가 되지 않을 것입니다."라고.

▷ 18.03(05)

एवमुक्तस्तु दमयन्त्या नलो राजा तत्रागच्छत्पुनर्यत्र देवाः समागताः । देवास्तथागतवन्तमपश्यंस्तम् । ततश्चैनं दृष्ट्वापृच्छंस्तत्सर्वं वृत्तान्तम् । इदं नलेनोक्तम् ।

evam uktas tu damayantyā nalo rājā tatrāgacchat punar yatra devāḥ samāgatāḥ. devās tathāgatavantam apaśyaṃs tam. tataś cainaṃ dṛṣṭvāpṛcchaṃs tat sarvaṃ vṛttāntam. idaṃ nalenoktam.

이와 같이 다마얀띠의 말을 들은 날라 왕은 신들이 모여있는 곳으로 다시 갔다. 신들은 그렇게 오고 있는 그를 보았다(apaśyan). 그리하여 그를 보고서 모든 일의 경과에 대해서 (신들이) 물었다. 날라가 다음과 같이 말했다.

▷ 18.03(06)

भवद्भिरहं दमयन्त्याः समीपं प्रवेष्टुमशक्नवम् । भवतां च शक्त्या तत्र कश्चिन्नरो ऽपि प्रविशन्तं मां न दृष्टवानृते ताम् । किं तु भवत्सु तेजःसु निवेदयित्वा सुन्दरी सा मामेव वृणीते । अब्रवीच्च माम् । देवाः सहितागम्यास्त्वया सह यत्र मम स्वयंवरः । अहं च देवानां मध्ये त्वां वरिष्ये । एवं सति दोषो तव न भविष्यतीति । एतावदेव यथावृत्तं मया यथार्थत उक्तम् । भवन्तस्तु प्रमाणम् ।

"bhavadbhir ahaṃ damayantyāḥ samīpaṃ praveṣṭum aśaknavam. bhavatāṃ ca śaktyā tatra kaś cin naro 'pi praviśantaṃ māṃ na dṛṣṭavān ṛte tām. kiṃ tu bhavatsu tejaḥsu nivedayitvā sundarī sā mām eva vṛṇīte. abravīc ca mām. devāḥ sahitāgamyās tvayā saha yatra mama svayaṃvaraḥ. ahaṃ ca devānāṃ madhye tvāṃ variṣye. evaṃ sati doṣo tava na bhaviṣyati" iti. etāvad eva yathāvṛttaṃ mayā yathārthata uktam. bhavantas tu pramāṇam.

"그대들에 의해서 제가 그녀가 있는 곳으로 들어갈 수 있었습니다(aśaknavam, √śak 과거형 P. 일인칭 단수). 그리고 그대들의 능력에 의해 그 곳에서 그녀를 제외하고는(ṛte) 어떤 사람도 들어가는 저를 보지 못했습니다. 그러나 존귀한 (그대들)의 영광에 대해 알림을 받고 나서 아름다운 그녀는 바로 저를 선택하였습니다(vṛṇīte, √vṛ 9 Ā. 현재형). 그리고 저에게 말했습니다. "신들 모두 당신과 함께 나의 신랑간택식이 열리는 곳으로 와야 합니다. 그리하여 나는 신들 가운데에서 당신을 고를 것입니다. 이와 같이 된다면 당신에게 해가 되지 않을 것입니다."라고요. 이제껏 일어난 일을 사실대로(yathārthataḥ) 제가 말했습니다. 고귀한 그대들이 기준이시니 (그대들의 뜻대로 될 것입니다)."

제19과
संस्कृतवाक्योपक्रिया

※19.01 물론 한국어에도 청자양인각연당초상감모란문은구대접(靑磁陽印刻蓮唐草象嵌牧丹紋銀釦大楪)이라는 긴 이름을 가진 고려시대에 만들어진 대접도 있고 겹낱말 사용이 흔한 독일어의 경우 Grundstücksverkehrsgenehmigungszuständigkeitsübertragungsverordnung라거나 Rindfleischetikettierungsüberwachungsaufgabenübertragungsgesetz라거나 하는 긴 단어가 실제로 사용되고 있기는 하다. 하지만 쌍쓰끄리땀에서 겹낱말이 차지하는 비중은 한국어나 독일어와 비교될 만한 것이 아니다. 작게 편집된 책에서는 거의 한 면을 채울 만큼의 길이를 가진 겹낱말을 보는 것은 전문 학술 텍스트(śāstra)들의 경우에는 드물지 않은 일이다.

※19.03 제시된 예시19.01: gopasya devasya vīraṃ mitram은 맥락에 따라 다양한 해석이 가능하다. gopasya devasya는 "목동인 신" 혹은 "목동의 신"으로 해석이 가능하고 vīraṃ mitram은 "영웅인 친구" 혹은 "용맹한 친구"로 해석이 가능하기 때문이다. vīra를 형용사로 혹은 명사로 해석할 수 있기 때문이다. 하지만 예시19.02: nṛpasya devānāṃ vīraṃ mitram에서는 nṛpa가 단수이고 deva는 복수이기 때문에 "목동의 신들"이라는 해석만 가능하다.

※19.05 "버스-운전자는 천연가스를 사용한다."라는 문장처럼 문법상 잘못된 겹낱말의 사용은 실제로 일어나는 현실이고 인도 고전의 경우에도 마찬가지이다. 다만 초보 학습자의 입장에서 실제로 나타나는 표준 문법에 맞지 않는 경우들을 고려하지 않을 뿐이다. 우리가 현재 일상적으로 사용하고 있는 한국어 문장들 중 얼마나 많은 문장들이 문법에 맞지 않는지를 생각해 본다면 이것은 자연언어의 일반적인 현상이라고 해야 할 것이다.

※19.13 1. nara-siṃha (인간-호랑이)

dvandva: 사람과 호랑이

tatpuruṣa: 사람의 호랑이

karmadhāraya: 사람인 호랑이

bahuvrīhi: 그가 기르는 호랑이가 실제로는 사람인 [호랑이 사육자]

2. svarga-mārga (하늘나라-길)
dvandva: 하늘나라와 길
tatpuruṣa: 하늘나라의 길
karmadhāraya: 하늘나라인 길
bahuvrīhi: 그것이 통행하는 길이 바로 하늘나라인 어떤 존재

3. putra-ācārya (아들-스승)
dvandva: 아들과 스승
tatpuruṣa: 아들의 스승
karmadhāraya: 아들인 스승
bahuvrīhi: 그의 스승이 바로 자기의 아들인 [사람]

4. yoga-kṣema (노력-휴식)
dvandva: 노력과 휴식
tatpuruṣa: 노력의 휴식 (유래격- tatpuruṣa로 해석하면, 노력으로부터의 휴식)
karmadhāraya: 노력인 휴식
bahuvrīhi: 그 사람의 휴식이 바로 노력인 그런 사람

※19.22 지금까지 배운 네 가지 kṛt-뒷토들을 환기시켜 보자면 이렇다: (1) -tṛ로 끝나는 행위자 명사; (2) -tra/-trā로 끝나는 수단을 나타내는 명사; (3) -ti로 끝나는 여성 행위 명사; (4) -man으로 끝나는 중성 행위 명사.

※19.29 nyāya는 인도사상사에서 논리학과 인식론 분야에 주된 관심을 기울이는 철학(darśana)전통들 중의 하나로 알려져 있고, 많은 경우에 "논리, 원칙"의 의미로 사용되는 단어이기도 하다. 하지만 이 단어가 자주 사용되는 다른 의미는 √nī "이끌다"에서 도출된 "(정치적으로) 이끌다"는 뜻에서 "통치하다"이다. 똑같은 동사말뿌리에서 만들어진 단어이지만, nīti는 "처세술"을 포함하는 의미에서 "현실 정치"를 가리키는 말로 사용된다. 따라서 **कतर एष न्यायो नीतिर्वा यच्छत्रुं हत्वा शोकं क्रियते।**라는 문장은 "적(śatru)을 죽이

고 나서 비통해 한다니, 이것이 도대체 무슨 정치(nyāya)이거나 혹은 처세(nīti)입니까?"

※19.30 비교급을 사용해서 비교를 표현할 때 비교하는 대상을 수단격으로 표현하는 경우들도 있지만, 초보자들이 익혀야 할 내용은 아니다.

दर्शनीयतमा darśanīya-tamā라는 여성형 최상급에서 **दर्शनीय** darśanīya는 구속형에서 만들어진 형용사이다.

※19.32 도출 체계에 맞추어 설명을 해내자면 śreyas와 śreṣṭha는 √śrī에서 도출된 형태라고 이해되어야 하고, jyāyas와 jyeṣṭha는 √jyā에서 도출된 형태라고 이해해야 하겠지만 이 비교급과 최상급을 표현하는 표현들의 원형의 의미를 나타내는 단어를 고전쌍쓰끄리땀에서 찾자면 praśasya와 vṛddha를 제시해야 한다. 역사적으로 정확한 원형이 √śrī나 √jyā라는 사실은 고전쌍쓰끄리땀에 국한해서 배우는 초보 학습자들에게 중요한 내용이 아니다. 따라서 현재 맥락에서는 학습자들이 표19.01을 암기하는 것으로 충분하다.

또 다르게 단어 guru의 경우에는, guru의 비교급과 최상급의 형태로는 앞서 제시된 gurutama, gurutara의 형태도 있고, garīyas의 비교급에 다시 -tara를 사용한 garīyastara라는 비교급도 있다. 이 모든 다양한 형태들은 쌍쓰끄리땀의 역사와 연관되어 있다.

※19.33 참고로 비교급과 최상급을 나타내는 표현들을 익힐 만한 아래의 문장을 읽어 보기 바란다. 이 문장을 이해하기 위해 필요한 추가적인 단어들은 다음과 같다.

variṣṭha [a.] 가장 뛰어난, 가장 나은

catuṣpada 네 다리를 가진, 네 부분을 가진

sparśavat [a.] (만져지는 촉각이 있는) 만져지는, 만져질 만한 구체적인, 만지기 좋은

ब्राह्मणो द्विपदं श्रेष्ठो गौर्वरिष्ठा चतुष्पदाम्।

गुरुर्गरीयसां श्रेष्ठः पुत्रः स्पर्शवतां वरः ॥

brāhmaṇo dvipadāṃ śreṣṭho gaur variṣṭhā catuṣpadām |

gurur garīyasāṃ śreṣṭhaḥ putraḥ sparśavatāṃ varaḥ ||

사제가 다리 둘인 것들 중 최고이고 다리 넷 달린 것들 중에는 소가 최고

스승이 중요한 사람들 중 최고이고 아들이 만지기 좋은 것들 중의 선택(되는 최상의 것)이다.

연습문제 풀이

□ 19.01 다음 문장에 나타나는 karmadhraya-겹낱말을 풀어서 개별 단어로 바꾸어 문장을 재구성한 이후 문장을 데바나가리로 적고 한국어로 옮기시오. 아래의 예처럼 대답을 적으시오.

예제: **महाराजो पुरुषसिंहं प्रशंसति।**

mahārājo puruṣasiṃhaṃ praśaṃsati.

mahān rājā siṃham iva puruṣaṃ praśaṃsati.

महान्राजा सिंहमिव पुरुषं प्रशंसति।
대왕이 사자와 같은 (뛰어난) 사람을 칭송한다.

□ 19.01(01) **महावीरनरसिंहे तस्य शत्रुं घ्नति बहुदेवा अनन्दन्।**

mahāvīranarasiṃhe tasya śatruṃ ghnati bahudevā anandan.

mahati vīre siṃha (← siṃhe) iva nare tasya śatruṃ ghnati bahavo devā anandan.

महति वीरे सिंह इव नरे तस्य शत्रुं घ्नति बहवो देवा अनन्दन्।

위대한 영웅인 사자와 같은 (뛰어난) 인간이 그의 적을 죽였을 때 많은 신들이 기뻐했다.

D 19.01(02) अधरोष्ठाद्बालश्चरितुं न शक्नोति ।

adharoṣṭhād bālaś caritum na śaknoti.

adharād oṣṭhād bālaś caritum na śaknoti.

अधरादोष्ठाद्बालश्चरितुं न शक्नोति।

아랫갈비뼈 때문에 소년은 움직일 수 없다.

D 19.01(03) यस्य महात्मास्ति सर्वजनास्तं स्तुवन्ति ।

yasya mahātmāsti sarvajanās taṃ stuvanti.

yasya mahān ātmāsti sarve janās taṃ stuvanti.

यस्य महानात्मास्ति सर्वे जनास्तं स्तुवन्ति।

위대한 영혼을 가진 자를 모든 사람이 찬양한다.

D 19.01(04) यस्य मुखं मेघश्यामं स सुन्दरनारीभिः सह क्रीडति ।

yasya mukhaṃ meghaśyāmaṃ sa sundaranārībhiḥ saha krīḍati.

yasya mukhaṃ megha iva śyāmaṃ sa sundarībhir nārībhiḥ saha krīḍati.

यस्य मुखं मेघ इव श्यामं स सुन्दरीभिर्नारीभिः सह क्रीडति ।

구름처럼 까만 얼굴을 가진 자가 아름다운 여인들과 논다.

D 19.01(05) श्वेतरक्तकुसुमं वृद्धनार्यै ददत्सुमुखबालको ऽपीदं कुसुमं दृष्टपूर्वमित्यपृच्छत्।

śvetaraktakusumaṃ vṛddhanāryai dadat sumukhabālako 'pīdaṃ kusumaṃ dṛṣṭapūrvam ity apṛcchat.

śvetaṃ ca raktaṃ ca kusumaṃ vṛddhāyai nāryai dadat sumukho bālako 'pīdaṃ kusumaṃ pūrvaṃ dṛṣṭam ity apṛcchat.

श्वेतं च रक्तं च कुसुमं वृद्धायै नार्यै ददत्सुमुखो बालको ऽपीदं कुसुमं पूर्वं दृष्टमित्यपृच्छत्।

하얗고 빨간 꽃을 늙은 여자에게 주던 잘 생긴 아이는 "이 꽃이 전에 보았던 것인가?" 하고 물었다.

▷ 19.01(06) यः सुन्दरतमवैदर्भीं परिणयति सो ऽपि सर्वपुरुषाणां सुन्दरतमः।

yaḥ sundaratamavaidarbhīṃ pariṇayati so 'pi sarvapuruṣāṇāṃ sundaratamaḥ.

yaḥ sundaratamāṃ vaidarbhīṃ pariṇayati so 'pi sarvāṇāṃ puruṣāṇāṃ sundaratamaḥ.

यः सुन्दरतमां वैदर्भीं परिणयति सो ऽपि सर्वाणां पुरुषाणां सुन्दरतमः।

가장 아름다운 비다르바의 공주와 결혼한 자 또한 모든 사람 중에서 가장 잘생겼다.

▷ 19.02 다음 문장에서 [ ] 안에 제시된 명사구를 겹낱말로 만든 다음 문장을 재구성하여 데바나가리로 적고 한국어로 옮기시오.

▷ 19.02(01) [महन्तौ वीरौ] [पापानां राक्षसानामवस्थानाद्] [राज्ञः कन्याम्] आनयताम्।

[mahantau vīrau] [pāpānāṃ rākṣasānām avasthānād] [rājñaḥ kanyām] ānayatāṃ.

mahāvīrau pāparākṣasāvasthānād rājakanyām ānayatām.

महावीरौ पापराक्षसावस्थानाद्राजकन्यामानयताम् ।

위대한 두 영웅이 사악한 락샤싸들이 있는 곳에서 왕의 딸을 데리고 왔다.

▷19.02(02) अस्मद्गृहे [स्नातश्च अनुलिप्तश्च] गौर्बहूनि [नवानि तृणानि] खादति।

asmadgṛhe [snātaś ca anuliptaś ca] gaur bahūni [navāni tṛṇāni] khādati.

asmadgṛhe snātānulipto gaur bahūni navatṛṇāni khādati.

अस्मद्गृहे स्नातानुलिप्तो गौर्बहूनि नवतृणानि खादति।

우리집에서 목욕시키고 기름발라진 소가 많은 신선한 풀을 먹는다.

▷19.02(03) [राज्ञः पुत्रेण हतो मन्त्रिणः पुत्रः] स्वर्गं गत्वा तस्य भ्रातॄन्दृष्टवान्।

[rājñaḥ putreṇa hato mantriṇah putraḥ] svargaṃ gatvā tasya bhrātṝn dṛṣṭavān.

rājaputrahatamantriputraḥ svargaṃ gatvā tasya bhrātṝn dṛṣṭavān.

राजपुत्रहतमन्त्रिपुत्रः स्वर्गं गत्वा तस्य भ्रातॄन्दृष्टवान्।

왕의 아들에게 살해당한 재상의 아들은 하늘나라에 간 후에 그의 형제들을 만났다.

▷19.02(04) [भगवति भक्तेश्च] [भगवतो गीतायाः श्रवणाच्च] गोपा मृत्वा [विष्णोर्लोकं] गमिष्यन्ति।

[bhagavati bhakteś ca] [bhagavato gītāyāḥ śravaṇāc ca] gopā mṛtvā [viṣṇor lokaṃ] gamiṣyanti.

bhagavadbhakteś ca bhagavadgītāśravaṇāc ca gopā mṛtvā viṣṇulokaṃ gamiṣyanti.

भगवद्भक्तेश्च भगवद्गीताश्रवणाच्च गोपा मृत्वा विष्णुलोकं गमिष्यन्ति।

존귀한 자에게 헌신하고 존귀한 자의 노래를 들었기 때문에 목동들은 죽은 후에 비스누의 세계로 갈 것이다.

▷ 19.02(05) [भूमौ पन्नः शुकः] [पीडिताभ्यां पक्षाभ्याम] उत्पतितुं नाशक्नोत्।

[bhūmau pannaḥ śukaḥ] [pīḍitābhyāṃ pakṣābhyām] utpatituṃ nāśaknot.

bhūmipannaśukaḥ pīḍitapakṣābhyām utpatituṃ nāśaknot.

भूमिपन्नशुकः पीडितपक्षाभ्यामुत्पतितुं नाशक्नोत्।

땅에 떨어진 앵무새는 다친 두 날개 때문에 날 수 없었다.

▷ 19.02(06) [राज्ञ ऋषेः सेवकस्] तत् [कुपुरुषस्य सख्युर्दुष्कृतं] दृष्ट्वा तं द्वेष्टि।

[rājña ṛṣeḥ sevakas] tat [kupuruṣasya sakhyur duṣkṛtaṃ] dṛṣṭvā taṃ dveṣṭi.

rājarṣisevakas tat kupuruṣasakhaduṣkṛtaṃ dṛṣṭvā taṃ dveṣṭi.

राजर्षिसेवकस्तत्कुपुरुषसखदुष्कृतं दृष्ट्वा तं द्वेष्टि।

성인인 왕의 하인은 나쁜 사람인 친구의 악행을 보고 나서 그를 싫어한다.

▷ 19.02(07) [सर्वे राजानो] [मनांसि हरन्तीं सुन्दरीमप्सरसा सदृशां] [सुन्दरीं राज्ञः पुत्रीं] परिणेतुमिच्छन्ति।

[sarve rājāno] [manāṃsi harantīṃ sundarīm apsarasā sadṛśāṃ] [sundarīṃ rājñaḥ putrīṃ] pariṇetum icchanti.

sarvarājāno manoharasundarāpsarasadṛśāṃ sundararājaputrīṃ pariṇetum icchanti.

सर्वराजानो मनोहरसुन्दराप्सरसदृशां सुन्दरराजपुत्रीं परिणेतुमिच्छन्ति।

모든 왕들은 마음을 사로잡는 천녀와 같은 아름다운 공주와 결혼하고 싶어 한다.

D 19.02(08) [मूर्खो दुष्करो विरूपो निर्गुणो राजा] मोहादहं राजर्षभो ऽस्मीत्यमन्यत।

[mūrkho duṣkaro virūpo nirguṇo rājā] mohād ahaṃ rājarṣabho 'smīty amanyata. mūrkhaduṣkaravirūpanirguṇarājo mohād ahaṃ rājarṣabho 'smīty amanyata.

मूर्खदुष्करविरूपनिर्गुणराजो मोहादहं राजर्षभो ऽस्मीत्यमन्यत।

멍청하고 나쁜 일을 하고 못생기고 덕성이 없는 왕이 어리석음 때문에 "나는 최고의 왕이다."라고 생각했다.

D 19.02(09) [कन्यायां रत्न इव] स्निह्यन् [गुणेभ्यो ऽन्वितो महतां राज्ञां राजा] नलस्तां द्रष्टुं तस्याः पितू राजगृहमगच्छत्।

[kanyāyāṃ ratna iva] snihyan [guṇebhyo 'nvito mahatāṃ rājñāṃ rājā] nalas tāṃ draṣṭuṃ tasyāḥ pitū rājagṛham agacchat.

kanyāratne snihyan guṇānvitamahārājarājo nalas tāṃ draṣṭuṃ tasyāḥ pitū rājagṛham agacchat.

कन्यारत्ने स्निह्यन्गुणान्वितमहाराजराजो नलस्तां द्रष्टुं तस्याः पितू राजगृहमगच्छत्।

보석(ratne) 같은 소녀를 사랑하는 덕성들을 갖춘 위대한 왕들 가운데에서 왕인 날라는 그녀를 만나기 위해 그녀의 아버지의(pituḥ) 궁전으로 갔다.

D 19.02(10) [चिरात्कालात्] परं [महानृषिश्] चलितुमारभते। [तं कालं] स [क्षुधं च पिपासां च] अनुभवति।

[cirāt kālāt] paraṃ [mahān ṛṣiś] calitum ārabhate. [taṃ kālaṃ] sa [kṣudhaṃ ca pipāsāṃ ca] anubhavati.

cirakālāt paraṃ maharṣiś calitum ārabhate. tatkālaṃ sa kṣutpipāse 'nubhavati.

चिरकालात्परं महर्षिश्चलितुमारभते। तत्कालं स क्षुत्पिपासे ऽनुभवति।

긴 시간이 지난 후에 위대한 성자는 움직이기 시작했다. 그 때 그는 배고픔과 갈증을(양수 대상격) 느꼈다.

✔ 이 경우에는 kṣutpipāse 대신 kṣutpipāsām (여성 대상격 단수)도 가능하다.

D 19.02(11) [मम पितुर्] ज्यायान्नास्ति ततः स ज्येष्ठ आख्यतः।

[mama pitur] jyāyān nāsti tataḥ sa jyeṣṭha ākhyātaḥ

matpitur jyāyān nāsti tataḥ sa jyeṣṭha ākhyātaḥ.

मत्पितुर्ज्यायान्नास्ति ततः स ज्येष्ठ आख्यतः।

내 아버지보다 나이 많은 사람은 없다. 따라서 그는 최연장자로 불린다.

D 19.02(12) यद् [बलवत्तमाद्देवाद्] बलवत्तरेणैवारोहयितुं शक्यते तद्धनुरारोहयति यः स [राज्ञां राजा] भविष्यति

yad [balavattamād devād] balavattareṇaivārohayituṃ śakyate tad dhanur ārohayati yaḥ sa [rājñāṃ rājā] bhaviṣyati.

yad balavattamadevād balavattareṇaivārohayituṃ śakyate tad dhanur ārohayati yaḥ sa rājarājo bhaviṣyati.

यद्बलवत्तमदेवाद्बलवत्तरेणैवारोहयितुं शक्यते तद्धनुरारोहयति यः स राजराजो भविष्यति।

가장 힘센 신보다 더 힘센 자만이 시위를 메울 (balavattareṇa-eva-ārohayitum) 수 있는 (śakyate를 활용한 수동 표현) 활의 시위를 메우는 자가 왕 중의 왕(rājarājaḥ, ☞ 19.15(10))이 될 것이다.

D 19.03 다음 이야기를 한국어로 옮기시오. (날라와 다마얀띠 이야기 5)

D 19.03(01)

अथ पुण्यकाले प्राप्ते तथा भीमो नाम वैदर्भो नृपो कन्यारत्नस्य दमयन्त्याः स्वयंवरे पुरुषसिंहान्वीरानावहत्। तच्छ्रुत्वा सर्वेषु कन्यासु सुन्दरतमा सा दमयन्तीति मन्यमाना महावीरनरसिंहाश्च महाराजाश्च सर्वे बलवत्तराश्च बुद्धिमत्तराया राजपुत्र्याः कृते तत्स्थाने समागताः।

atha puṇyakāle prāpte tathā bhīmo nāma vaidarbho nṛpo kanyāratnasya damayantyāḥ svayaṃvare puruṣasiṃhān vīrān āvahat. tac chrutvā sarveṣu kanyāsu sundaratamā sā damayantīti manyamānā mahāvīranarasiṁhāś ca mahārājāś ca sarve balavattarāś ca buddhimattarāyā rājaputryāḥ kṛte tatsthāne samāgatāḥ.

그리고 상서러운 때가 되었을 때 그렇게 "비마"라는 이름의 비다르바의 왕은 보석처럼 고귀한 소녀인 다마얀띠의 배우자 선택에로 사자처럼 우두머리가 되는 영웅들을 초청하였다. 그것을 듣고서 "모든 소녀들 중에서 그 다마얀띠가 가장 훌륭하다."라고 생각하면서 사자처럼 우두머리가 되는 위대한 영웅들과 대왕들과 모든 최고로 강한 자들이 아주 현명한 공주를 (얻기) 위해 그 장소(tat-sthāna)로 모였다.

▷ 19.03(02)

सुवर्णस्तम्भालङ्कृतं महारङ्गं ते नृपाः कामेन हृदये पीडितं प्रविष्टवन्तः। सर्वगुणवत्पुरुषव्याघ्राः स्वदेशानां रक्षितारः सर्वे तत्रासनाननेकानसीदन्। सर्वमहाराजा मनोहरसुन्दराप्सरसदृशां रूपस्विनीं राजपुत्रीं परिणेतुमैच्छन्।

suvarṇastambhālaṅkṛtaṃ mahāraṅgaṃ te nṛpāḥ kāmena hṛdaye pīḍitaṃ praviṣṭavantaḥ. sarvaguṇavatpuruṣavyāghrāḥ svadeśānāṃ rakṣitāraḥ sarve tatrāsanān anekān asīdan. sarvamahārājā manoharasundarāpsarasadṛśāṃ rūpasvinīṃ rājaputrīṃ pariṇetum aicchan.

금 기둥으로 꾸며진 큰 경기장에 그 왕들은, 마음 속으로는 사랑에 사로잡힌 채, 들어갔다. 모든 덕성을 갖추고 사람들 중의 호랑이라 할 만한 자들이며 자기 영토의 수호자들은 모두 그곳에서 여러 자리에 앉았다. 모든 대왕들은 마음을 사로잡는 아름다우며 천녀와 같은 모습의 잘 생긴 외모를 지닌 공주와 결혼하기를 원했다.

▷ 19.03(03)

पश्चाद्वैदर्भी दमयन्ती देवी रङ्गमप्रविशद्धरन्ती राज्ञां चक्षूंसि च मनांसि च। ततो राज्ञां नामसु हूयमानेषु दमयन्त्यपश्यत्पुरुषान्पञ्च तुल्यरूपान्। सर्वान्तुल्यरूपान्दृष्ट्वा विस्मिताद्वैदर्भी न प्राजानान्नलम्। यं यं हि तेषां दृष्टवांस्तं तममन्यत वैरसेनिं नलम्। कथं देवाञ्ज्ञास्यामि च कथं नलसिंहं वेदिष्यामि चेति सा वैदर्भी दमयन्ती चिन्तितवती।

paścād vaidarbhī damayantī devī raṅgam apraviśad dharantī rājñāṃ cakṣūṃsi ca manāṃsi ca. tato rājñāṃ nāmasu hūyamāneṣu damayanty apaśyat puruṣān pañca tulyarūpān. sarvān tulyarūpān dṛṣṭvā vismitād vaidarbhī na prājānān nalam. yaṃ yaṃ hi teṣāṃ dṛṣtavāṃs taṃ tam amanyata vairasenim̩ nalam. katham̩ devāñ jñāsyāmi ca katham̩ nalasim̩ham̩ vediṣyāmi ceti sā vaidarbhī damayantī cintitavatī.

나중에 왕들의 눈(들)과 마음(들)을 사로잡으며(harantī) 비다르바의 공주인 다마얀띠가 경기장으로 들어왔다. 그리고 왕들의 이름이 불리고 있을 때(독립 곳때격) 다마얀띠는 같은 모습을 한 다섯 사람을 보았다. 모두가 똑같은 외모인 것을 보고 당황해서 비다르바의 [공주는] 니샤다의 왕인 날라를 구별하지(pra-a-jānāt, 과거형) 못했다. 실로 그들 한 명 한 명을 보았고 [그녀는] 그들 한 명 한 명을 비라세나의 아들 날라라고 생각했다. "어떻게 하면 내가 신들을 알아 볼 수 있을까? 그리고 어떻게 하면 사자처럼 우두머리가 되는 날라(nala-sim̩ha)를 알아 볼 수 있을까?"라고 그 비다르바의 공주인 다마얀띠는 고민했다.

D 19.03(04)

एवं चिन्तयन्ती सा वैदर्भी भृशदुःखितापि श्रुतानि देवलिङ्गानि स्मृतवती। देवानां यानि लिङ्गानि वृद्धेभ्यो मे श्रूयन्ते स्म किं तु भूमाविह तिष्ठतां देवानामेकस्यापि तानि प्रज्ञातुं न शक्यन्ते। इमे देवा इह नलस्य समीपे नलेन तुल्यं भूमिष्ठाः। एवं सा चिरं चिन्तयन्ती प्राप्तकाले देवानां शरणममन्यत। अहमद्य देवानां शरणं गच्छामि। वाचा च मनसा चैव सा नमस्कृत्वा देवेभ्यः प्राञ्जली भूत्वा दमयन्तीदमब्रवीत्।

evam̩ cintayantī sā vaidarbhī bhr̩śaduḥkhitāpi śrutāni devaliṅgāni smr̩tavatī. devānām̩ yāni liṅgāni vr̩ddhebhyo me śrūyante sma kim̩ tu bhūmāv iha tiṣṭhatām̩ devānām ekasyāpi tāni prajñātum̩ na śakyante. ime devā iha nalasya samīpe nalena tulyam̩ bhūmiṣṭhāḥ. evam̩ sā ciram̩ cintayantī prāptakāle devānām̩ śaraṇam amanyata. aham adya devānām̩ śaraṇam̩ gacchāmi. vācā ca manasā caiva sā namaskr̩tvā devebhyaḥ prāñjalī bhūtvā damayantīdam abravīt.

이와 같이 고민하던 그 비다르바의 (공주)는 심한 고통에 빠졌지만, 들은 적이 있는 신들의 표식들을 기억했다. 신들의 표식들을 노인들로부터 내가 듣고는 했는데, 그러나 여기 땅에서 머물고 있는 신들 중 한 명의 표식들조차도 나는 알아 볼 수가 없다. 이 신들은(devāḥ) 여기 날라의 근처에 날라와 똑같이 땅위에 서 있다. 이렇게 오래 고민을 하고 있던 그녀는 적절한 때에 신들의 보호를 생각했다. 나는 이제 신들에게서 보호를 구하겠다. 말로써(vāk [f.] ☞표06.03) 그리고 마음으로써 경배를 하고 나서 신들에게 합장을 한 뒤에(←합장한 여자가 되고 나서), 다마얀띠는 다음과 같이 말했다.

D 19.03(05)

हंसस्य वचनं श्रुत्वा वैरसेनिं पत्ये ऽवरयम्। यदि तत्सत्यमासीत्तदा महादेवास्तं वैरसेनिं मे दिशन्तु। वाचा च मनसा चैव यथाहं कथं चिन्नाधर्मकर्त्री। सर्वदाहं मम स्वधर्ममन्वतिष्ठम्। तेन सत्येन सर्वश्रेष्ठा महादेवास्तमेव दिशन्तु मे। यथा देवैर्वैरसेनिः स मे भर्ता विहितो तेन सत्येन देवश्रेष्ठास्तमेव नरश्रेष्ठं दिशन्तु मे। श्रेयांसो लोकरक्षितारः स्वरूपमुद्भवन्तु येनाहं राजान्तराच्छ्रेयांसं वैरसेनिं प्रजानामि।

haṃsasya vacanaṃ śrutvā vairaseniṃ patye 'varayam. yadi tat satyam āsīt tadā mahādevās taṃ vairaseniṃ me diśantu. vācā ca manasā caiva yathāhaṃ kathaṃ cin nādharmakartrī. sarvadāhaṃ mama svadharmam anvatiṣṭham. tena satyena sarvaśreṣṭhā mahādevās tam eva diśantu me. yathā devair vairaseniḥ sa me bhartā vihito tena satyena devaśreṣṭhās tam eva naraśreṣṭhaṃ diśantu me. śreyāṃso lokarakṣitārāḥ svarūpam udbhavantu yenāhaṃ rājāntarāc chreyāṃsaṃ vairaseniṃ prajānāmi.

"거위의 말을 듣고서 나는 비라쎄나의 아들 (날라)를 남편으로(patye, ☞✣07.03) 선택했습니다(√vṛ의 시킴형 과거형 1인칭 단수). 만약 그것이 사실이라면(as 과거형), 위대한 신들이여!, 그 비라세나의 아들 (날라)를 나에게 보여주소서! 말로써 그리고 행동으로써 이처럼 저는 어떻게도 다르마가 아닌 것을 행한 여자가 아닙니다. 항상 저는 저 자신의 의무를 따랐습니다(anu-√sthā 과거형 1인칭 단수). 그런 진실(의 힘)으로 모든 것들 중에서 최고이신 위대한 신들이 나에게 그를 보여주소서. 신들에 의해서 비라쎄나의 아들인 그가 나의 남편으로 운명지어졌다는 것이 (진실인 것)처럼, 그런 진실(의 힘)으로, 최상의 신들이 최상의 인간인 그를 나에게 보여주소서! 탁월한 세상의 수호자들인 (신들이) 스스로의 모습을 드러내시어, 내가 다른 왕들보다 뛰어난 비라세나의 아들을 알아보도록 (하소서)!"

제20과
संस्कृतवाक्योपक्रिया

※20.04 겹낱말 aśvakovidaḥ를 aśveṣu kovidaḥ로 분석한다면 곳때격-tatpuruṣa가 될 것이다. 물론 복수로 이해해서 aśvānām kovidaḥ로 분석할 수도 있다.

bhuja-antara는 "두 팔의 사이"를 의미하는 겹낱말이라서 내용에 따라 앞자리말이 양수 가짐격 bhujayor로 이해되어야 하는 경우이다.

※20.07 예에서 veda나 vṛtra가 뒤따르는 명사들 vid와 han에 의지해서 사용된 말이라는 의미에서 veda나 vṛtra가 upapada인데, 뒷자리말로 나타나는 명사들은 각각 동사말뿌리 √vid와 √han에서 도출된 명사인 셈이된다. 그런데 뒷자리말인 동사말뿌리에서 도출된 명사들은 그 앞에 veda나 vṛtra와 같은 upapada가 자리잡고 있기 때문에, 이 경우에 한해서 말뿌리에 직접 kṛt-토를 붙여서 사용하게 되었다. 앞자리말인 upapada 때문에 뒷자리말에 동사말뿌리에 kṛt-토를 달아 도출된 명사형이 나타나게 되었다는 뜻이다. 따라서 upapada라는 말이 직접 가리키는 것은 분명하게 앞자리말이지만, upapada가 없으면 사용되지 못하기 때문에 항상 upapada에 의존하여 나타나게 되는, 다시 말해서 겹낱말 안에서만 사용되도록 제한되는 말은 뒷자리말이다.

※20.11 여기에 해당되는 겹낱말을 nañ-tatpuruṣa라고 부른다. 부정앞토가 쓰이지만 다른 방식으로 해석되어야 하는 경우에는 bahuvrīhi-겹낱말인데, 이 구분에 대해서는 아래 ✣23.14(03)에서 배우게 될 것이다.

※20.12 이러한 형태의 겹낱말을 ku-tatpuruṣa라고 부른다.

※20.13 인도 문법전통에서는 부사, 불변화사, 조사 등을 모두 아울러 부를 때 gati라고 부르기 때문에 조사(gati, particle)를 앞자리말로 갖는 tatpuruṣa를 gati-tatpuruṣa라고 부른다.

※20.16 쌍쓰끄리땀에서 10의 배수를 나타내는 수와 그에 덧붙여지는 일의 자리에 해당하는 수가 겹낱말로 결합될 때, 10의 배수인 수가 겹낱말의 뒷자리말이 된다. 이렇게 수를 세는 방식이 한국어로는 낯설겠지만 독일어나 프랑스어를 배워 본 적이 있다면 인도유럽어에 속하는 언어들에서 흔하게 나타

나는 수를 세는 방법이라는 것을 추측할 수 있을 것이다.

표20.01에 제시된 형태들은 곡용이 되지 않은 말줄기들을 표시하는 것이어서 catuḥ 대신 catur라고 표기하였다. 말줄기가 *catus가 아니고 catur라는 사실을 알아두는 것도 도움이 된다. 다음에 나오는 표20.06에서도 말줄기를 catur로 표기한다.

구체적인 성구분이 맥락에 따라 주어지기 전까지 수는 일반적으로 중성의 형태로 곡용시키고 표시한다. 여기에서는 말줄기 형태들을 제시하고 익히는 방식으로 설명을 진행하겠다.

※20.18(02) dvi-와 dvā-가 모두 가능한 경우라고 한다면 어느 것이 보다 더 자주 쓰이고 익혀야 할 형태인지를 단언해서 말하기는 어렵다. 많은 경우 시대에 따라 자주 쓰이는 형태가 다르기 때문이다. 이러한 내용은 초보 학습자가 익혀야 할 내용은 아니라고 보인다.

※20.31 darśana가 "보여주기"를 의미할 때에는 시킴형 darśaya-에서 시킴형뒷토 -aya-가 생략된 채 명사화된 경우라고 이해해야 한다. 시킴형에 대해서는 ❖22.07이하에서 배우게 될 것이다.

동사 pra-√mā "재다, 추정하다, 바르게 인식하다"의 활용 형태가 3인칭 단수 pramimīte (3Ā.)가 되는 것은 √mā의 활용 형태로 이해할 수 있는 것이 아니다. 이것은 동사 √mā가 활용될 때에 동사 √mī의 활용형과 뒤섞이면서 √mī의 활용 형태를 따르게 된 역사적인 사정에서 비롯된 일이다.

연습문제 풀이

ᐅ 20.01 다음 문장을 한국어로 옮기고 [ ]에 들어 있는 겹낱말을 풀어서 개별 단어 형태로 바꾸어 표현하고 데바나가리로 적으시오.

ᐅ 20.01(01) [देवदत्तदानेन] [वृद्धर्षिर्] यौवनमाप्नोत् ।

devadattadānena vṛddharṣir yauvanam āpnot.

신에 의해 주어진 선물 덕분에 늙은 성자는 젊음을 얻었다

देवेन दत्तेन दानेन वृद्ध ऋषिर्यौवनमाप्नोत् ।

devena dattena dānena vṛddha ṛṣir yauvanam āpnot.

ᐅ 20.01(02) [कर्णसुखवचो] [बहुपुरुषेभ्यो] रोचते ।

karṇasukhavaco bahupuruṣebhyo rocate.

많은 사람들이 귀에 편한 소리를 좋아한다.

कर्णाय सुखं वचो बहुभ्यः पुरुषेभ्यो रोचते ।

karṇāya sukhaṃ vaco bahubhyaḥ puruṣebhyo rocate.

ᐅ 20.01(03) देवा अपि [ग्रामदूरवनवासर्षितेजसो] बिभ्यति ततः [सुन्दराप्सरास्] तेषां स्थाने तत्राभ्युपैति। (-vāsa-를 풀어 쓸 때에는 현재분사형을 사용)

devā api grāmadūravanavāsarṣitejaso bibhyati tataḥ sundarāpsarās teṣāṃ sthāne tatrābhyupaiti.

신들 조차도 마을에서 멀리 떨어진 숲에 머무는 현자의 강렬함을 두려워해서 아름다운 천녀가 그들을 대신해 그곳으로 다가간다.

देवा अपि ग्रामाद्दूरे वने वसत ऋषेः तेजसो बिभ्यति ततः सुन्दर्यप्सरास्तेषां स्थाने तत्राभ्युपैति।

devā api grāmād dūre vane vasata ṛṣeḥ tejaso bibhyati tataḥ sundary apsarās teṣāṃ sthāne tatrābhyupaiti.

▷ 20.01(04) [वृक्षपतनमृतवानरं] दृष्ट्वा काकः प्रहसति ।

vṛkṣapatanamṛtavānaraṃ dṛṣṭvā kākaḥ prahasati.

나무에서 떨어져서 죽은 원숭이를 보고 까마귀가 비웃는다.

वृक्षात्पतनेन मृतं वानरं दृष्ट्वा काकः प्रहसति ।

vṛkṣāt patanena mṛtaṃ vānaraṃ dṛṣṭvā kākaḥ prahasati.

▷ 20.01(05) [कारणाभावात्] [कार्याभाव] इति सूत्रकारो वदति।

kāraṇābhāvāt kāryābhāva iti sūtrakāro vadati.

원인이 없기 때문에 결과가 없다고 수뜨라의 저자가 말한다.

कारणस्याभावात्कार्यस्याभाव इति सूत्रकारो वदति।

kāraṇasyābhāvāt (←abhāvāt) kāryasyābhāva (वैशेषिकसूत्र।१।२।१।) iti sūtrakāro vadati.

▷ 20.01(06) [दूरागताय] [पादोदकं] नयतु भार्ये।

dūrāgatāya pādodakaṃ nayatu, bhārye!

부인, 멀리서 온 사람을 위해 발 씻을 물을 가져오시오.

दूरादागताय पादाभ्यामुदकं नयतु भार्ये ।

dūrād āgatāya pādābhyām (양수) udakaṃ nayatu, bhārye!

▷ 20.01(07) [तत्कुम्भकारकृतकुम्भा] एतस्मिन्देश उत्तमाः ।

tatkumbhakārakṛtakumbhā etasmin deśa uttamāḥ.

그 옹기장이에 의해 만들어진 옹기는 이 지역에서 최고이다.

तेन कुम्भकारेण कृताः कुम्भाः एतस्मिन्देश उत्त्माः ।

tena kumbhakāreṇa kṛtāḥ kumbhā etasmin deśa (←deśe) uttmāḥ.

▷ 20.01(08) [वनचरश्रमणवचनश्रुतये] [बहुयुवका] दूरादप्यागच्छन् । (-cara-를 풀어 쓸 때에는 현재분사형을 사용)

vanacaraśramaṇavacanaśrutaye bahuyuvakā dūrād apy āgacchan.

숲을 돌아다니는 고행자의 말을 듣기 위해 많은 청년들이 멀리에서도 왔다.

वने चरतः श्रमणस्य वचनस्य श्रुतये बहवो युवका दूरादप्यागच्छन् ।

vane carataḥ śramaṇasya vacanasya śrutaye bahavo yuvakā dūrād apy āgacchan.

▷ 20.02 다음을 한국어로 옮기시오

▷ 20.02(01) वेदवित्कामजिदिन्द्रियजिन्महापुरुष एव खलु सर्वदुःखान्मुच्यते।

vedavit kāmajid indriyajin mahāpuruṣa eva khalu sarvaduḥkhād mucyate.

베다를 알고 욕망을 이기고 감각기관을 정복한(indriyajid-mahāpuruṣa도 가능 ☞✤05.02(04)) 위대한 인간만이 실로 모든 고통에서 벗어난다(√muc 6P.Ā.의 수동형).

▷ 20.02(02) यस्यां स स्निह्यति सा तस्मिन्न रजते ततः स मनसिजदुःखमनुभवति ।

yasyāṃ sa snihyati sā tasmin na rajate tataḥ sa manasijaduḥkham anubhavati.

그가 사랑하는 여인이 그를 좋아하지 않아서 그는 사랑에서 비롯된 고통을 경험한다.

▷ 20.02(03) गृहस्थादितरथा श्रमणो गृहं विना वने चरति।

gṛhasthād itarathā śramaṇo gṛhaṃ vinā vane carati.

재가자와 다른 방식으로 고행자는 집 없이 숲에서 떠돌아 다닌다.

▷ 20.02(04) सर्वजगत्स्थानक्षयौ द्वाभ्यां देवाभ्यां क्रियेते ।

sarvajagatsthānakṣayau dvābhyāṃ devābhyāṃ kriyete.

전체 우주의 유지와 멸망은 두 신에 의해 이루어진다.

▷ 20.02(05) बालकः खगं दृष्ट्वाहमप्याकाश उत्पतितुमिच्छामीति चिन्तयति ।

bālakaḥ khagaṃ dṛṣṭvāham apy ākāśa utpatitum icchāmīti cintayati.

소년은 새를 보고 나서 "나도 허공으로(ākāśe) 날아오르고 싶다."라고 생각한다.

▷ 20.02(06) अदृष्टशक्त्या वयं कर्मफलं च यज्ञफलं चाप्स्यामः ।

adṛṣṭaśaktyā vayaṃ karmaphalaṃ ca yajñaphalaṃ cāpsyāmaḥ.

보이지 않는 힘에 따라 우리는 행위의 결과와 제사의 결과를 얻을 것이다.

▷ 20.02(07) एतस्मिन्नासन उपविशञ्जनो ऽन्धो ऽपि सर्वज्ञः ।

etasminn āsana upaviśañ jano 'ndho 'pi sarvajñaḥ.

이 자리에(āsane) 앉아 있는 사람은 눈이 멀었음에도 불구하고 모든 것을 아는 자이다.

▷ 20.02(08) दैवाकृतकार्यं नास्ति । अचिन्तितकार्यमपि दैवेन कृतम् ।

daivākṛtakāryaṃ nāsti. acintitakāryam api daivena kṛtam.

운명 때문에 이루어진 것이 아닌(a-kṛta) 일은 없다. 생각하지 못했던 일도 운명 때문에 이루어진다.

▷ 20.02(09) यस्मिन्नद्य शतानि सैनिका अनेकायुधेन परस्परं घ्नन्ति तस्मिन्स्थान एव तेषां पितामहा व्यवदन् ।

yasminn adya śatāni sainikā anekāyudhena parasparaṃ ghnanti tasmin sthāna eva teṣāṃ pitāmahā vyavadan.

지금 100명의 군인들이 여러 무기로 서로서로 죽이고 있는 바로 그 장소에서 그들의 조상들이 언쟁을 했다.

▷ 20.02(10) यदा धर्माधर्मज्ञेन मनुजेन राज्यं क्रियते तदैव जना अधर्मिकचारिना न पीडिताः ।

yadā dharmādharmajñena manujena rājyaṃ kriyate tadaiva janā adharmikacārinā na pīḍitāḥ.

다르마와 다르마가 아닌 것을 아는 사람에 의해서 통치될 때에만 사람들은 다르마가 아닌 일을 행하는 자로 인해 고통받지 않는다.

▷ 20.02(11) दास्याःपुत्रेति स कुपुरुषो हेतुना विना कंचिज्जनं निन्दति ।

dāsyāḥputreti sa kupuruṣo hetunā vinā kaṃ cij janaṃ nindati.

"상놈의 자식!"이라고 그 나쁜 사람이 이유 없이 어떤 사람을 욕한다.

▷ 20.03 다음의 수를 각각 데바나가리 숫자로 적고 그 수를 읽는 방법을 데바나가리로 적으시오

▷ 20.03(01)

로마자 표기	데바나가리 표기	발음 표기
1	१	एक eka
2	२	द्वि dvi
3	३	त्रि tri
4	४	चतुर् catur

5	५	पञ्च pañca
6	६	षष् ṣaṣ
7	७	सप्तन् saptan
8	८	अष्टन् aṣṭan
9	९	नवन् navan
10	१०	दशन् daśan
11	११	एकादश ekādaśa
12	१२	द्वादश dvādaśa
13	१३	त्रयोदश trayodaśa
14	१४	चतुर्दश caturdaśa
15	१५	पञ्चदश pañcadaśa
16	१६	षोडश ṣoḍaśa
17	१७	सप्तदश saptadaśa

18	१८	अष्टादश aṣṭādaśa
19	१९	नवदश navadaśa
20	२०	विंशति viṃśati

▷ 20.03(02)

30	३०	त्रिंशत् triṃśat
40	४०	चत्वारिंशत् catvāriṃśat
50	५०	पञ्चाशत् pañcāśat
60	६०	षष्टि ṣaṣṭi
61	६१	एकषष्टि ekaṣaṣṭi
62	६२	द्वाषष्टि / द्विषष्टि dvāṣaṣṭi / dviṣaṣṭi
63	६३	त्रयषष्टि / त्रिषष्टि trayaḥṣaṣṭi / triṣaṣṭi
64	६४	चतुष्षष्टि catuṣṣaṣṭi
65	६५	पञ्चषष्टि pañcaṣaṣṭi

66	६६	षड्षष्टि ṣaṭṣaṣṭi
67	६७	सप्तषष्टि saptaṣaṣṭi
68	६८	अष्टाषष्टि / अष्टषष्टि aṣṭāṣaṣṭi / aṣṭaṣaṣṭi
69	६९	नवषष्टि / एकोनसप्तति / ऊनसप्तति / एकान्नसप्तति navaṣaṣṭi / ekonasaptati / ūnasaptati / ekānnasaptati
70	७०	सप्तति saptati

▷ 20.03(03)

80	८०	अशीति aśīti
90	९०	नवति navati
100	१००	शत śata
1,000	१०००	सहस्र sahasra
10,000	१००००	अयुत ayuta
100,000	१०००००	लक्षन् lakṣan

10,000,000	१०००००००	कोटि koṭi

이상의 내용을 한 표로 간단하게 정리하자면 다음과 같다.

1	१	एक	30	३०	त्रिंशत्
2	२	द्वि	40	४०	चत्वारिंशत्
3	३	त्रि	50	५०	पञ्चाशत्
4	४	चतुर्	60	६०	षष्टि
5	५	पञ्च	61	६१	एकषष्टि
6	६	षष्	62	६२	द्वाषष्टि / द्विषष्टि
7	७	सप्तन्	63	६३	त्रयषष्टि / त्रिषष्टि
8	८	अष्टन्	64	६४	चतुष्षष्टि
9	९	नवन्	65	६५	पञ्चषष्टि
10	१०	दशन्	66	६६	षट्षष्टि
11	११	एकादश	67	६७	सप्तषष्टि
12	१२	द्वादश	68	६८	अष्टाषष्टि / अष्टषष्टि
13	१३	त्रयोदश	69	६९	नवषष्टि / एकोनसप्तति / ऊनसप्तति / एकान्नसप्तति
14	१४	चतुर्दश	70	७०	सप्तति
15	१५	पञ्चदश	80	८०	अशीति

16	१६	षोडश	90	९०	नवति
17	१७	सप्तदश	100	१००	शत
18	१८	अष्टादश	1,000	१०००	सहस्र
19	१९	नवदश	10,000	१००००	अयुत
20	२०	विंशति	100,000	१०००००	लक्षन्
			10,000,000	१०००००००	कोटि

▷ 20.04 다음 이야기를 한국어로 옮기시오. (날라와 다마얀띠 이야기 6)

▷ 20.04(01)

अथ चत्वारा देवाः सर्वज्ञा दमयन्त्यास्तं शोकं विदित्वा परमं मनसिजं च शुद्धभावं च बुद्धिं च निश्चयं चान्वभवन्। अस्या विश्वासो ऽश्वकोविदे राजपुत्रे खलु श्रेष्ठो मनुजेष्विति देवानां मतिरासीत्। अयमेव धर्मविदः श्रेष्ठो ऽयं धर्मविदां गतिरिति मन्यमाना देवाः स्वानि लिङ्गान्यदिशन्।

atha catvārā devāḥ sarvajñā damayantyās taṃ śokaṃ viditvā paramaṃ manasijaṃ ca śuddhabhāvaṃ ca buddhiṃ ca niścayaṃ cānvabhavan. asyā viśvāso 'śvakovide rājaputre khalu śreṣṭho manujeṣv iti devānāṃ matir āsīt. ayam eva dharmavidaḥ śreṣṭho 'yaṃ dharmavidāṃ gatir iti manyamānā devāḥ svāni liṅgāny adiśan.

그런데 모든 것을 아는 네 신들은 다마얀띠의 그 애통함을 알고서 최상의 사랑과 순결한 마음과 생각과 결심을 이해했다(anu-√bhū). "말을 다룰 줄 아는 왕자에 대한 이 여자의 신뢰는 실로 인간들 중에서 최상이다."라는 것이 신들의 생각이었다. "이것이야말로 다르마를 아는 사람의 최선이며 이것이 다르마를 아는 사람들의 방식이다."라고 생각하면서 신들은 자신들의 표식들을 보여주었다.

▷ 20.04(02)

ततो दमयन्त्यपश्यत्सर्वांश्चतुरो देवान्भूमिं न स्पृशतः स्थितांश्चान्यान्यनेकानि तया पूर्वमदृष्टानि लिङ्गानि च। किं तु भूमिस्थो वैरसेनिः स्वं तस्यै न्यवेदयत्। ततो वैदर्भी तान्देवांश्च तं मनुजं चान्वीक्ष्य सा धर्मेण वैरसेनिमवरयत्।

tato damayanty apaśyat sarvāṃś caturo devān bhūmiṃ na spṛśataḥ sthitāṃś cānyāny anekāni tayā pūrvam adṛṣṭāni liṅgāni ca. kiṃ tu bhūmistho vairaseniḥ svaṃ tasyai nyavedayat. tato vaidarbhī tān devāṃś ca taṃ manujaṃ cānvīkṣya sā dharmeṇa vairasenim avarayat.

그리하여 다마얀띠는 네 신들 모두가 땅에 닿지 않고 서 있는 것과 그녀가 이전에 본 적이 없는 다른 여러 표식들을 보았다. 그런데 비라쎄나의 아들 (날라)는 땅에 서서 (이 모습으로) 자신을 그녀에게 알렸다. 그리하여 비마의 딸 (다마얀띠)는 신들과 그 인간을 살펴보고 나서, 그녀는 법도에 맞게 비라세나의 아들 (날라)를 배우자로 골랐다.

▷ 20.04(03)

सा राजपुत्री तस्य नलस्य प्राणाधिकस्य दूरादागतस्य स्कन्धे ऽसृजच्चित्रां मालाम्। एवं चैव नलं पतित्वे सुन्दरतमा कन्यावरयत्। ततो ऽनन्तरं हा हेति शब्दो बहुभिरन्यै राजभिर्मुक्तः। किं तु साधु साध्विति शब्दो मुक्तो देवैश्च महर्षिभिश्चैव विस्मितैः प्रशंसद्भिर्नलं नृपम्।

sā rājaputrī tasya nalasya prāṇādhikasya dūrād āgatasya skandhe 'sṛjac citrāṃ mālām. evaṃ caiva nalaṃ patitve sundaratamā kanyāvarayat. tato 'nantaraṃ hā heti śabdo bahubhir anyai rājabhir muktaḥ. kiṃ tu sādhu sādhv iti śabdo mukto devaiś ca maharṣibhiś caiva vismitaiḥ praśaṃsadbhir nalaṃ nṛpam.

그 공주는 멀리서 온 목숨보다 소중한 날라의 어깨에 아름다운 화환을 걸어주었다. 그리하여 이와 같이 가장 아름다운 소녀는 바로 날라를 남편으로 골랐다(avarayat). 그리하여 즉시 "아! 아!"라는 [탄식] 소리가 많은 다른 왕들에 의해서 흘러나왔다. 그러나 "바르도다! 바르도다!"라는 소리가 날라 왕[에 대해] 경이로워하고 칭송하는 신들과 위대한 성인들에 의해 흘러 나왔다.

▷ 20.04(04)

देवाश्च महर्षयश्च नलस्य सुखतरप्राप्तेरनन्दन्। ततो वैरसेनिर्वैदर्भ्या वृते लोकरक्षितारो देवाः सुमनसः सर्वे नलाय अष्ट वरानददन्। देवानां देव इन्द्रो राज्ञां राज्ञे वैरसेनये यज्ञे देवं प्रत्यक्षदर्शनमददात्। ततः परमिन्द्रो ऽप्यददाद्वैरसेनये गतिमुत्तमां स्वस्तिम्। अग्निदेवो ऽग्निमददाद्यत्र वैरसेनिरैच्छत्सर्वदा। अन्तको नाम देवो यमस्त्वन्नरसमददात्। एवमष्टौ वरान्प्रददतो देवाः सर्वे देवलोकं गताः।

devāś ca maharṣayaś ca nalasya sukhatarapräpter anandan. tato vairasenir vaidarbhyā vṛte lokarakṣitāro devāḥ sumanasaḥ sarve nalāya aṣṭa varān adadan. devānāṃ deva indro rājñāṃ rājñe vairasenaye yajñe devaṃ pratyakṣadarśanam adadāt. tataḥ param indro 'py adadād vairasenaye gatim uttamāṃ svastim. agnidevo 'gnim adadād yatra vairasenir aicchat sarvadā. antako nāma devo yamas tv annarasam adadāt. evam aṣṭau varān pradadato devāḥ sarve devalokaṃ gatāḥ.

신들과 위대한 성인들은 날라의 아주 만족스러운(sukhatara-) 성공에 즐거워했다. 그래서 비라쎄나의 아들 (날라)가 비다르바의 공주 (다마얀띠)에게서 [남편으로] 선택되었을 때, 세상의 수호자들인 신들 모두는 너그러운 마음이 되어 날라에게 8가지 [선택할 수 있는] 소원들을 주었다. 신들의 신인 인드라는 왕들의 왕인 비라쎄나의 아들 (날라)에게 제사에서 신을 직접 눈으로 볼 수 있도록 해 주었다. 거기에 보태어 인드라는 또한 비라쎄나의 아들 (

날라)의 (살아) 가는 (앞)길이 최상의 행운이 되도록 해 주었다. 아그니 신은 비라쎄나의 아들 (날라)가 원하는 경우에는 언제라도 불을 (얻을 수 있게) 해 주었다. "종말의 신"이라고 불리는 신 야마는 한편 맛있는 음식을 즐기도록 [소원을 들어] 주었다. 이와 같이 8가지 축복을 준 모든 (신들은) 신들의 세계로 갔다.

▷ 20.04(05)

दमयन्त्याश्चास्या विवाहमनुभूय विस्मितान्विता नृपाः स्वदेशान्प्रति यथागतं प्रत्यागताः। नारीरत्नं जित्वा नलस्तया सहारमत प्रतिदिने। अतीव रतो राजा तेजस्वी सूर्य इव धर्मेण राज्यमकरोत्। वनेषु दमयन्त्या सह नलश्चरन्सुखमन्वभवद्यथा देवो ऽमरः। एवं स यजमानश्च धर्मं चरंश्च राजा स्वदेशं कुशलं रक्षितवन्।

damayantyāś cāsyā vivāham anubhūya vismitānvitā nṛpāḥ svadeśān prati yathāgataṃ pratyāgatāḥ. nārīratnaṃ jitvā nalas tayā sahāramata pratidine. atīva rato rājā tejasvī sūrya iva dharmeṇa rājyam akarot. vaneṣu damayantyā saha nalaś caran sukham anvabhavad yathā devo 'maraḥ. evaṃ sa yajamānaś ca dharmaṃ caraṃś ca rājā svadeśaṃ kuśalaṃ rakṣitavan.

그리고 이 다마얀띠의 그 결혼식을 겪고 나서 경외감을 품었던(vismita-anvitāḥ) 왕들은 [각자] 자신의 나라를 향해 왔던 것과 같이 (yathā-āgatam; 온 길로) 되돌아갔다. 보석과 같은 여인을 쟁취한 뒤에 날라는 그녀와 함께 날마다 행복했다(aramata). 매우 만족한 왕은 태양처럼 빛나고 법도에 맞게 왕권을 행사했다. 불멸인 신과 마찬가지로, 숲들에서 날라는 다마얀띠와 함께 돌아다니며 행복을 경험했다. 이와 같이 그 왕은 제사를 지내고 다르마를 행하며 자신의 땅을 잘 지켰다.

제21과
संस्कृतवाक्योपक्रिया

※21.05 모든 언어는 의사소통의 수단이므로 애매함이나 모호함을 피하는 성향을 갖게 된다. 이는 특정한 언어만이 가진 특징이거나 탁월함이 아니라 그저 자연스러운 일일 뿐이다. 따라서 bahuvrīhi-겹낱말을 사용하는 데에서도 청자 혹은 독자가 파악하기 힘든 방식의 표현은, 일반적인 경우라고 한다면, 회피하는 것이 당연한 일이다.

※21.13 추가로 아래의 예문을 읽어 보기 바란다. 추가로 필요한 낱말은 아래와 같다.

apāta [a.] 떨어진, 발생한, 드러난, 나타난

आपातमात्रसौन्दर्यं कुत्र नाम न विद्यते

अत्यन्तप्रतिपत्त्या तु दुर्लभो ऽलङ्कृतो जनः ।

āpāta-mātra-saundaryaṃ kutra nāma na vidyate

atyanta-pratipattyā tu durlabho 'laṅkṛto janaḥ. [Tantrākhyāyika]

곧 사라지고 마는(āpāta-mātra-saundaryaṃ, 생겨나는 것에 그치고 마는 아름다움) 훌륭함을 어디에서인들 찾지 못하겠는가?

그러나 끝까지 유지되는 확신(으로 장식된 →)을 가진 사람은 찾기 어렵다.

※21.21 이 형태의 dvandva-겹낱말을 특별히 가리킬 때에는 samāhāra-dvandva(집합-dvandva) 라고 부른다.

※21.25 이 경우의 dvandva-겹낱말을 ekaśeṣa-dvandva (하나가 나머지로 남겨진 dvandva)라는 이름으로 부른다.

※21.26 동사를 사용하는 사람이 자신이 말하는 바에 대하여 특별한 태도를 가지고 있다는 사실을 표현하는 동사의 사용 방식을 문법에서는 "법" 혹은 "서법"(grammatical mood/mode)이라고 부른다.

※21.33 **औदुम्बराणि पुष्पानि श्वेतवर्णं च वायसम् ।**

मत्स्यपादं जले पश्येन्न नारीहृदयस्थितम् ॥ 『महासुभाषितसङ्ग्रह』

audumbarāṇi puṣpāṇi śvetavarṇaṃ ca vāyasam |

matsyapādaṃ jale paśyen na nārīhṛdayasthitam || *Mahāsubhāṣitasaṅgraha*

우담바라(무화과의 한 종류)의 꽃들이나, 하얀색(bahuvrīhi-겹낱말) 까마귀나

물에 있는 물고기의 발자국(혹은 발)을 보게 될지언정, 여자의 마음에 자리잡고 있는 것을 [보지는] 못할 것이니.

pāda는 일반적으로 "발"을 의미하고 사전에 주어진 의미들도 그러하지만, 이 운문에서는 "흔적"이 더 정확한 번역이다. 초보 학습자들이라면 "발"로 번역하는 것으로도 충분하다.

이 운문의 네 번째 빠다에 있는 부정어 na를 어떻게 해석할지에 대해서 판단을 할 때에는, 운문의 경우 일반적인 경우라면 각 빠다가 의미의 단위가 되는 방식으로 해석해야 한다는 사실이 중요한 단서가 된다.

보태어 아래의 운문을 읽어 보기 바란다. 추가로 필요한 낱말은 아래와 같다.

satkṛta [a.] 존경받다, 추앙받다

māgadha [a.] 마가다(magadha) 왕국의, 마가다 지방의

prati-√bādh Ā. [pratibādhate] 반격하다, 물리치다

jarāsandha [m.] 자라싼다 (사람 이름)

krūra [a.] 다친, 끔찍한, 잔인한

dīpta [a.] 불타는, 뜨거운, 빛나는

samrāj [m.] 황제, 최고의 왕, 진정한 왕

क्षत्रियः शस्त्रमरणो यदा भवति सत्कृतः ।

ननु स्म मागधं सर्वे प्रतिबाधेम यद्वयम् ॥

षडशीतिः समानीताः शेशा राजंश्चतुर्दश ।
जरासन्धेन राजानस्ततः क्रूरं प्रपत्स्यते ॥
प्राप्नुयात्स यशो दीप्तं तत्र यो विघ्नमाचरेत् ।
जयेद्यश्च जरासन्धं स सम्राड्नियतं भवेत् ॥『महाभारतम्』

kṣatriyaḥ śastramaraṇo yadā bhavati satkṛtaḥ
nanu sma māgadhaṃ sarve pratibādhema yad vayam
ṣaḍaśītiḥ samānītāḥ śeṣā rājaṃś caturdaśa
jarāsandhena rājānas tataḥ krūraṃ prapatsyate
prāpnuyāt sa yaśo dīptaṃ tatra yo vighnam ācaret
jayed yaś ca jarāsandhaṃ sa samrāṇ niyataṃ bhavet『Mahābhārata』

끄샤뜨리야가 (전쟁에서) 칼에 죽으면 존경을 받게 된다.
이제 정말 우리 모두가 저 마가다의 왕을 반격해 무찔러야 할 것 같은데.
86명의 왕들이 사로잡혔고 14명의 왕들이 남아 있다.
(남은) 왕들은 자라싼다에 의해 뒤따라서 비참한 일을 당하게 될 것이다.
그에게 뜻대로 되지 않는 것을 제시해 주는 자는 찬란한 영예를 얻을 것이고
자라싼다를 무찌르는 자는 황제로(samrāj) 확정될 것인데 (말이다.)

※21.34 보태어 아래의 운문을 읽어 보기 바란다. 추가로 필요한 낱말은 아래와 같다.

pāvaka [m.] 불, 불의 신 (아그니)
[a.] 순수한, 깨끗한, 빛나는, 비추는
dhīra [a.] 지혜로운, 현명한, 머리가 좋은, ~(L)에 능숙한

तिले तैलं गवि क्षीरं काष्ठे पावकमन्ततः ।
धिया धीरो विजानीयादुपायं चास्य सिद्धये ॥『महाभारतम्』
tile tailaṃ gavi kṣīraṃ kāṣṭhe pāvakam antataḥ

dhiyā dhīro vijānīyād upāyaṃ cāsya siddhaye『Mahābhārata』

깨에 참기름이, 소에 우유가, 끝으로 장작에는 불이 (있으니)

생각이 있는 자(dhīra)는 생각으로(dhī f. I.sg) 이것을 이루기 위한(siddhi f. D.sg) 수단을 잘 알아야 하노니.

연습문제 풀이

▷ 21.01 다음 문장을 한국어로 옮기고 문장에 포함된 겹낱말들이 있다면 각각의 겹낱말의 종류를 순서대로 적으시오. 단 tatpuruṣa-겹낱말의 경우에는 겹낱말 풀이에서 드러나는 격을 명기하고, 겹낱말이 다중적으로 구성된 경우에는 구조상 가장 큰 단위의 겹낱말 종류만을 적으시오.

예제: **कुपितमुनिशापितनार्याः पुत्रो युद्धे म्रियते ततः सा खल्वपुत्रा भवति ।**

kupitamuniśapitanāryāḥ putro yuddhe mriyate tataḥ sā khalv aputrā bhavati.

화가 난 성자에게 저주 받은 여인의 아들이 전투에서 죽어서 그녀야말로 아들이 없게 되었다. (karmadhāraya; bahuvrīhi)

▷ 21.01(01) **अनन्तकामपीडितस्तपसा जितकामो जितेन्द्रियश्च भवेत् ।**

anantakāmapīḍitas tapasā jitakāmo jitendriyaś ca bhavet.

끝이 없는 욕망으로 괴로워 하는 자는 고행을 통해 욕망을 정복한 자[가 되고] 감관기관을 정복한 자가 되어야 한다. (수단격-tatpuruṣa; bahuvrīhi; bahuvrīhi)

▷ 21.01(02) **पुत्रप्राप्तुकामो ब्राह्मणो गन्तुमनसे देवाय बहुहविर्जुहुयात् ।**

putraprāptukāmo brāhmaṇo gantumanase devāya bahuhavir juhuyāt.

아들을 얻고자 하는 사제는 떠나려고 생각하는 신에게 많은 공물을 바쳐야 한다. (bahuvrīhi; bahuvrīhi; karmadhāraya)

D 21.01(03) शापमोहितनारी तस्याः पत्या दुर्मनसा व्यस्मर्यत चात्यज्यत च ।

śāpamohitanārī tasyāḥ patyā durmanasā vyasmaryata cātyajyata ca.

저주 때문에 착각에 빠진 여인은 그의 나쁜 마음을 가진 남편에게서 (durmanasā, 수단격) 잊혀지고(vyasmaryata) 버려졌다. (karmadhāraya; bahuvrīhi)

D 21.01(04)

स्याद्मौनपरश्च शमपरश्चैव मूर्ख इति पण्डितः किंराज्ञे मूर्खायावदत् । स किं तु तद्वचनं नावगच्छत् ।

syād maunaparaś ca śamaparaś caiva mūrkha iti paṇḍitaḥ kiṃrājñe mūrkhāyāvadat. sa kiṃ tu tadvacanaṃ nāvagacchat.

"바보는 침묵과 안정을 최고의 미덕으로 삼을지어다."라고 학식있는 사람이 나쁜 왕인 바보에게 말했다. 하지만 그는 그 [현자]의 말을 이해하지 못했다. (bahuvrīhi; bahuvrīhi; karmadhāraya; 가짐격-tatpuruṣa)

D 21.01(05) यदि धनुष्पाणिं पश्येत तर्ह्युत्पतेत शीघ्रमिति सपक्षस्तस्य त्रीणि वनवासानि मित्राणि प्राणाधिकं ज्ञानमवदत्।

yadi dhanuṣpāṇiṃ paśyeta tarhy utpateta śīghram iti sapakṣas tasya trīṇi vanavāsāni mitrāṇi prāṇādhikaṃ jñānam avadat.

"손에 활을 든 자를 너희들이 본다면 너희들은 빠르게 날아올라야 한다(utpateta)."라고 새가 숲에 사는 그의 세 친구에게 목숨보다 소중한 지식을 말했다. (bahuvrīhi; bahuvrīhi; 곳때격-tatpuruṣa; 유래격-tatpuruṣa)

D 21.01(06) दशग्रीवश्चतुर्भुजाद्बलवत्तरस्तपोधनं मुनिं विजयति ।

daśagrīvaś caturbhujād balavattaras tapodhanaṃ muniṃ vijayati.

짜뚜르부자(팔이 네 개인 자)보다 힘이 센 다샤그리바(목이 열 개인 자)는 고행을 많이 한 성자를 이긴다. (bahuvrīhi; bahuvrīhi; bahuvrīhi)

▷ 21.01(07) **ब्राह्मणस्य गाश्चोरयन्दुर्मनसो मृत्वा क्षणमात्रेण नरकं गच्छेयुः ।**

brāhmaṇasya gāś corayan durmanaso mṛtvā kṣaṇamātreṇa narakaṃ gaccheyuḥ

사제의 소들을 훔친 나쁜 마음을 가진 자들은 죽어서 한 순간에 지옥에 갈지어다. (bahuvrīhi; bahuvrīhi)

▷ 21.01(08) **अहिनकुलाविव द्वौ भ्रातरौ परस्परज्ञावप्यन्योन्यं द्विष्टवन्तौ ।**

ahinakulāv iva dvau bhrātarau parasparajñāv apy anyonyaṃ dviṣṭavantau.

뱀과 몽구스처럼 두 형제는 서로를 (잘) 알지만 (upapada-곁낱말) 서로서로 싫어했다. (dvandva; 대상격-tatpuruṣa)

▷ 21.01(09) **यदि यूयं भयाद्दुःखमरणा भवथ तर्हि विधिपूर्वकं कृतकार्या अपि शमपराः कथं चिन्न भवेत ।**

yadi yūyaṃ bhayād duḥkhamaraṇā bhavatha tarhi vidhipūrvakaṃ kṛtakāryā api śamaparāḥ kathaṃ cin na bhaveta.

만약 너희들이 두려움 때문에 고통스러운 죽음을 맞는 자들이 된다면, 규정에 따라서 (제사의) 의무를 다한 (사람들)일지언정 어떻게 해서도 평온함에 몰입된 자들이 되지 못할 것이다. (bahuvrīhi; bahuvrīhi; bahuvrīhi; bahuvrīhi)

▷ 21.01(10) **दमयन्ती तेन समीपस्थेन खगेन हंसेनादृष्टस्य नलस्य वृत्तान्तमश्रृणोद्यो दुग्धं जलाद्भेत्तुं शक्नोति ।**

damayantī tena samīpasthena khagena haṃsenādṛṣṭasya nalasya vṛttāntam aśṛṇod yo dugdhaṃ jalād bhettuṃ śaknoti.

다마얀띠는 가까이 있는 (upapada-곁낱말) 새인 (upapada-곁낱말) 기러기를 통해 본 적이 없는 날라의 소식을 들었는데, 그 새는 (물과 우유가 섞인 경우) 물에서 우유를 분리해서 (마실) 수 있다. (곳때격-tatpuruṣa ; 곳때격-tatpuruṣa ; karmadhāraya; 가짐격-tatpuruṣa)

▷ 21.01(11) एकः शिष्यः पूर्वाह्णे तस्य गुरुणा तत्कृतशास्त्रस्य पञ्चदशानध्यायानुपदिष्टः । चिरकालं तु स कृतत्वरेण गरीयांसमर्थं न प्रजानाति ।

ekaḥ śiṣyaḥ pūrvāhṇe tasya guruṇā tatkṛtaśāstrasya pañcadaśān adhyāyān upadiṣṭaḥ. cirakālaṃ tu sa kṛtatvareṇa garīyāṃsam arthaṃ na prajānāti.

어떤 학생이 오전에 그의 스승에게서 그가 지은 전문서적의 열다섯 장들을 배웠다. 하지만 오랫동안 그 [학생]은 서두르는 바람에 더 중요한 의미를 파악하지 못했다. (karmadhāraya; karmadhāraya; karmadhāraya; karmadhāraya)

▷ 21.01(12) देवदेवाय हविर्दानात्परमं यज्ञफलं लभेय ।

devadevāya havirdānāt paramaṃ yajñaphalaṃ labheya.

신 중의 신에게 공물을 바쳤기 때문에 내가 최상의 제사의 결실을 얻을지니(가상형). (가짐격-tatpuruṣa; 대상격-tatpuruṣa; 가짐격-tatpuruṣa)

▷ 21.01(13) मानुषादिदेवपर्यन्ता न काश्चन बृहत्तेजसं चक्रपाणिं न विजयेरन् ।

mānuṣādidevaparyantā na kāś cana bṛhattejasaṃ cakrapāṇiṃ na vijayeran.

인간부터 신까지 (bahuvrīhi-bahuvrīhi; 시작이 인간이고 끝이 신인) 그 어떠한 자들도 크나큰 영예로움을 지닌 원판을 든 자(비스누)를 이길 수 없을지어다.

(dvandva; bahuvrīhi; bahuvrīhi)

▷ 21.01(14) प्रजाकामवृद्धनृपो ऽयजदपि पुत्रं प्राप्तुं नाशक्नोदिति सर्वं निरर्थकम् ।

prajākāmavṛddhanṛpo ayajad api putraṃ prāptuṃ nāśaknod iti

sarvaṃ nirarthakam.

자손을 원하는 늙은 왕은 제사를 지냈음에도 불구하고 아들을 얻지 못했으니, 모든 것이 소용이 없다. (karmadhāraya; bahuvrīhi)

▷ 21.01(15) **याः सुखदुःखदांस्त्यक्तुकामान्पतीननुगच्छन्ति ता नार्यो गुणवत्यः स्युः ।**

yāḥ sukhaduḥkhadāṃs tyaktukāmān patīn anugacchanti tā nāryo guṇavatyaḥ syuḥ.

즐거움도 주고 고통도 주는 (upapada-겹낱말) 떠나고 싶어 하는 남편들을 따르는 여인들은 덕을 갖춘 자들일 것이다. (대상격-tatpuruṣa; bahuvrīhi)

▷ 21.01(16) **अहमद्य पितृमातृहीनः श्वस्तु तव पितरावपि म्रियेयातामिति हतमातापिता हन्तारमशपत् ।**

aham adya pitṛmātṛhīnaḥ śvas tu tava pitarāv api mriyeyātām iti hatamātāpitā hantāram aśapat.

"내가 오늘 고아이지만 내일 너의 부모 (ekaśeṣa-dvandva) 또한 죽을지어다! "라고 부모가 살해당한 자가 살인자를 저주했다. (수단격-tatpuruṣa; bahuvrīhi)

▷ 21.01(17) **राज्यं कर्तुकामा यूयं तद्गतमनसः शत्रून्हन्यात कार्यं कुर्वीध्वं च ।**

rājyaṃ kartukāmā yūyaṃ tadgatamanasaḥ śatrūn hanyāta kāryaṃ kurvīdhvaṃ ca.

왕권을 행사하고 싶어 하는 너희들은 거기에 (온 마음이 가서 →) 온 마음을 쏟아서 적들을 죽이고(가상형 2.pl.) 의무를 완수해야 한다(가상형 Ā. 2.pl.). (bahuvrīhi; bahuvrīhi)

D 21.02 다음 이야기를 한국어로 옮기시오. (날라와 다마얀띠 이야기 6)

D 21.02(01)

वृते तु वैरसेनौ वैदर्भ्या त्रिलोकरक्षितारः सुमनस इन्द्राग्निवरुणयमा नाम्ना देवा यन्तो ऽपश्यनाकाश आगच्छन्तौ द्वौ देवौ कल्यादी दुर्मनसौ । तस्मिन्समये वज्रपाणिरिन्द्रः कलिं दृष्ट्वाब्रवीत् । कले तव मित्रेण सह क्व गमिष्यसि । ब्रूहि ।

vṛte tu vairasenau vaidarbhyā trilokarakṣitāraḥ sumanasa indrāgnivaruṇayamā nāmnā devā yanto 'paśyan ākāśa āgacchantau dvau devau kalyādī durmanasau. tasmin samaye vajrapāṇir indraḥ kaliṃ dṛṣṭvābravīt. kale tava mitreṇa saha kva gamiṣyasi. brūhi.

비다르바의 공주 [다마얀띠]가 비라쎄나의 아들 [날라]를 선택하고 나서 (독립곳때격), 세 세상의 수호자들이자 마음씨 좋은 이름하여(nāman, 단수 수단격) 인드라와 아그니와 바루나와 야마라는 신들이 가다가 허공에서(ākāśe) 오고 있던 깔리 등의 두 마음씨 나쁜 신들을 보았다. 그 때에 손에 바즈라(금강)를 쥔 인드라가 깔리를 보고서 말했다. "깔리여, 그대의 친구와 함께 어디로 가는가? 말해 주오!"

D 21.02(02)

ततः कलिर्वज्रपाणिमब्रवीत् । दमयन्त्याः स्वयंवरं गत्वाहं वरयिष्ये तां कमलनेत्रां सुन्दरतमनरीम् । मम मनो हि तद्गतम् । इन्द्रो हसित्वा तं गन्तुमनसं कलिमब्रवीत् । निरर्थकमेव तव गमनं दमयन्त्याः स्वयंवरं प्रति । स स्वयंवरस्तावदेव कृतः । द्वौ विस्मितदेवौ गन्तुमनसावनन्तरमपृच्छताम् । किं ब्रवीषि । हा हा देव वृत्तान्तं भाषेत । सो ऽब्रवीत् । वृतस्तया नलो राजा पतिरस्मत्समीप इति ।

tataḥ kalir vajrapāṇim abravīt. damayantyāḥ svayaṁvaraṃ gatvāhaṁ varayiṣye tāṁ kamalanetrāṃ sundaratamanarīm. mama mano hi tadgatam. indro hasitvā taṃ gantumanasaṃ kalim abravīt. nirarthakam eva tava gamanaṃ damayantyāḥ svayaṁvaraṃ prati. sa svayaṁvaras tāvad eva kṛtaḥ. dvau vismitadevau gantumanasāv anantaram apṛcchatām. kiṃ bravīṣi. hā hā deva vṛttāntaṃ bhāṣeta. so 'bravīt. vṛtas tayā nalo rājā patir asmatsamīpa iti.

그리하여 깔리가 바즈라를 손에 든 자 [인드라]에게 말했다. "다마얀띠의 배우자 선택 행사에 가서 내가 연꽃 같은 눈을 가진 가장 아름다운 그 여인을 고를 것이오. 왜냐하면 내 마음이 그녀에게 가 있기 때문이오." 인드라가 웃고 나서 가려고 생각하는 그 깔리(신)에게 말했다. "그대가 다마얀띠의 배우자 선택 행사에 가는 것은 쓸모 없는 일이다. 그 배우자 선택 행사는 이미 끝났소." 놀란 두 신은 가려고 생각하고 있다가 즉시 물었다. "뭐라고 했소?" "아! 아! 신이여, 자초지종을 이야기해주시오! (가상형 Ā. 3인칭 단수)" 그 신이 말했다. "우리가 있는 곳에서(asmat-samīpe) 날라 왕이 그녀에 의해 남편으로 선택되었소."

▷ 21.02(03)

एवमुक्तस्त्विन्द्रेण कलिर्दुर्मनाः क्रोधान्वितः । ततः कलिर्देवान्सर्वानाहूयावददिदं वचः । यत्सा देवानां मध्ये मानुषं पतिमविन्दत तदभूतपूर्वं खलु भृशो गरिष्ठश्च दण्डयोगस्तस्यै भवेदिति ।

evam uktas tv indreṇa kalir durmanāḥ krodhānvitaḥ. tataḥ kalir devān sarvān āhūyāvadad idaṁ vacaḥ. yat sā devānāṁ madhye mānuṣaṁ patim avindata, tad abhūtapūrvaṃ khalu bhṛśo gariṣṭhaś ca daṇḍayogas tasyai bhaved iti.

인드라가 깔리에게 이와 같이 말하자 나쁜 마음을 가진 깔리는 마음이 분노로 가득 찼다. 그 때문에 깔리는 모든 신들을 불러내서 다음의 말을 했다. "그녀가 신들 가운데서 인간을 남편으로 선택한 일이 있으니, 따라서 전례가 없는 일이니 실로 강력하고 가장 무거운 처벌이 그녀에게 있어야 한다."라고.

ᐅ 21.02(04)

एवमुक्ते कलिना त्विन्द्रादयश्चत्वारो देवा उक्तवन्तः । अस्माभिरनुज्ञातो विधिपूर्वकं दमयन्तीवृतो नलः । कश्च तस्य सर्वगुणान्वितस्य नलस्य नृपस्य शरणं न गच्छेत्यो धर्मवित्सत्यवादी चरितव्रतः । यो लोकपतिसमः पुरुषव्याघ्रो नृपः स सत्यदानतपःशुद्धदमेषु पर्यवर्तत सर्वदा । यद्येवं श्रेष्ठं नलं शपितुमिच्छेत्तर्हि स मूर्खो ऽल्पविद्यो वै शपेदात्मानं ततः परं हन्याच्चात्मानमात्मना सो ऽवश्यं नरके निपतेत् । एवं कलिं चोक्त्वा देवाः स्वर्गमागताः ।

evam ukte kalinā tv indrādayaś catvāro devā uktavantaḥ. asmābhir anujñāto vidhipūrvakaṃ damayantīvṛto nalaḥ. kaś ca tasya sarvaguṇānvitasya nalasya nṛpasya śaraṇaṃ na gacchet yo dharmavit satyavādī caritavrataḥ. yo lokapatisamaḥ puruṣavyāghro nṛpaḥ sa satyadānatapaḥśuddhadameṣu paryavartata sarvadā. yady evaṁ śreṣṭhaṃ nalaṃ śapitum icchet tarhi sa mūrkho 'lpavidyo vai śaped ātmānaṁ tataḥ paraṃ hanyāc cātmānam ātmanā so 'vaśyaṃ narake nipatet. evaṃ kaliṁ coktvā devāḥ svargam āgatāḥ.

이와 같이 깔리가 말했을 때 인드라 등등의 네 신들이 말했다. "우리들이 규정에 따라 다마얀띠에 의해 선택된 날라를 인정해주었다. 그 누가 모든 덕성을 갖춘 왕 날라에게 의지하러 가지 않겠는가, 그는 다르마를 알고 진실을 말하는 자이며 서약한 바를 행하는 자인데. 이 왕은 세상의 지배자와 같고 사람들 중에서 호랑이처럼 가장 뛰어난 자인데, 그는 항상 진리와 베풂과 수행과 순수함과 자제력[을 가진 상태](satya-dāna-tapaḥ-śuddha-dameṣu)에 머물렀다. 그와 같은 가장 훌륭한 날라를 저주하길 원한다면, 분명 그 어리석고 지혜가 적은 자는 자신을 저주하는 것이 될 것이며 나아가서 스스로가 스스로를 죽이는(hanyāt) 것이 될지니, 그는 반드시 지옥으로 떨어질지니." 이렇게 깔리에게 말하고 나서 신들은 하늘나라로 돌아갔다.

ततो गतेषु देवेषु कलिर्दुर्मनाश्च निन्दापरश्च तस्य मित्रमब्रवीत् । हे मित्र नले मम कोपं शन्तुमद्य न शक्नोमि । तं राज्याद्भ्रंशयिष्यामीति । स नलश्च वैदर्भ्या सह न रंस्यते । एवमस्तु । कदा चित्सो ऽप्यक्षान्कर्तुमर्हत्यक्षशीलः भवतु । तथा मह्यं श्रेयो दद्यादिति शापः कलेः ।

tato gateṣu deveṣu kalir durmanāś ca nindāparaś ca tasya mitram abravīt. he mitra nale mama kopaṃ śantum adya na śaknomi. taṁ rājyād bhraṁśayiṣyāmīti. sa nalaś ca vaidarbhyā saha na raṃsyate. evam astu. kadā cit so 'py akṣān kartum arhaty akṣaśīlaḥ bhavatu. tathā mahyaṃ śreyo dadyād iti śāpaḥ kaleḥ.

그리하여 신들이 갔을 때 나쁜 마음을 가지고 폄훼하는 일에 몰두하는 깔리는 자기 친구에게 말했다. "오, 친구여! 날라에 대한 내 분노를 지금 가라앉힐 수가 없다. 나는 그를 왕권으로부터 주저앉게 할 것이다."라고. "그리고 그 날라는 비다르바의 공주 (다마얀띠)과 함께 기뻐할 수 없을 것이다. 이렇게 되어라! 언젠가 그가 견과윷 노름을 할지니! 견과윷 노름에 중독이 될지니! 그와 같이 나에게 즐거움(← 행운, 더 좋은 것)을 줄지니!(가상법. 3.sg. √dā)" 라는 것이 깔리의 저주였다.

✔ akṣaśīla는 bahuvrīhi-겹낱말이다. śīla는 "타고난 본성, 경향성, 성향"을 의미하는데, "습관으로 완전히 굳어져서 한 사람의 본성처럼 작용할 수 있는 몸에 밴 것"을 말한다. 수행론의 맥락에서 사용될 때에도 같은 의미를 갖는다. 따라서 akṣa-śīla는 "견과윷 노름이 철저하게 몸에 밴, 견과윷 노름에 중독된" 사람을 가리킨다.

제22과
संस्कृतवाक्योपक्रिया

※ 22.01 실제로는 dvigu-겹낱말이 대상의 수를 세어서 나타내는 용도로 사용되는 경우들도 있다. 하지만 초보 학습자들에게는 여기에서 제시한 원칙을 이해하는 것이 중요하다. ✤22.03(03)에 언급한 경우들이 실제로 텍스트들에 나타난다는 것만 알고 있으면 된다.

※ 22.02 베다 전통의 칠대 성인을 꼽는 후대의 전통에서 생겨난, saptarṣi에 포함되는 일곱 성인이 누구인지는 텍스트에 따라 그리고 전통에 따라 차이가 있다. 대략 Agastya, Atri, Kaśyapa, Gautama, Jamadagni, Bhāradvāja, Bhṛgu, Vaśiṣṭha, Viśvāmitra 등에서 7명을 제시하는 것이 일반적이다.

※ 22.08 √i [eti] "가다"의 시킴형 āyay- "가게 하다"가 동사앞토 adhi-와 함께 사용되면 adhyāy-a-ti "가르치다"라는 동사가 된다.

※ 22.08(06) namayati는 동사앞토(upasarga)가 있을 때 사용하고, 동사앞토가 없을 때에는 namayati와 nāmayati 모두 가능하다.

※ 22.12 「Mokṣadharma」라고 하는 것은 인도 양대 서사시 중의 하나인 『महाभारतम्』(Mahābhārata)의 일부분인 「śānti-parvan」에 포함되어 있는 텍스트의 한 대목을 가리키는 이름이다. "해탈로 가는 바른 길"을 가르치는 대목이라고 하는 뜻이다. 이 텍스트는 인도철학사나 인도사상사를 연구하는 중요한 자료가 되는데, 여기에서 여러 철학적이고 종교적인 입장들을 주장하는 사람들이 등장해서 다양한 주제들에 대해 여러 가지 견해들을 피력하고 설명한다.

※ 22.15(01) 한국어와는 사뭇 다른 의미 영역을 갖는 동사들이 쌍쓰끄리땀에 많은 것은 당연한 일이다. 따라서 한국어를 모국어로 구사하는 학습자들은 항상 주의를 기울여야 한다. 어려운 사정이 더욱 심해지는 것은 한국의 학습자들이 외국어로 쌍쓰끄리땀의 단어들을 설명하는 사전(들)에 의지할 수밖에 없는 현실적인 사정 때문이다. 쌍쓰끄리땀 동사의 의미가 외국어로 설명되어 있는 사전을 통해 학습자들이 그 의미를 파악하기가 쉽지 않은 경우가 많다.

예를 들어 √kup [kupyati, kupyate]의 의미는 "흥분상태에 있다, 마음이 불안정한 상태이다"라는 뜻이다. 따라서 "화가 나서 흥분으로 가득찬 상태이다"라는 뜻으로도 쓰인다. 이 뜻을 단순하게 한국어로 "화내다"라고 이해하면 안 된다. 바로 이러한 사정 때문에 영어로 이 동사의 의미를 설명할 때 be-동사가 사용된 설명을 주고 있다, 예로 "to be moved, to be excited, to be agitated"라고 이 동사의 의미가 설명되고 있음에 주목해야 한다. 따라서 이 동사의 시킴형, kopayati가 비로소 "move, excite, agitate"이라는 의미에 해당해서 "흥분시키다, 화나게 만들다"가 된다. 아래 예문들을 보라. 아래 두 번째 예문에서 몸을 이루는 세 가지 체액들(doṣa)중에서 한 체액을 자극한다는 의미로 kopayati를 사용하는 맥락은 이런 맥락에서만 우리가 이해할 수 있다.

मृगो ऽसि तु न वेत्सि यो व्याघ्रं कोपयति।

mṛgo 'si tu na vetsi yo vyāghraṃ kopayati.

너는 호랑이를 화나게 만드는 사슴인데, 너는 모른다.

लवणः पित्तं कोपयतीत्युक्तमायुर्वेदेन।

lavaṇaḥ pittaṃ kopayatīty uktam āyurvedena.

의학에서는 소금기가 삐따(체액들 중의 하나)를 동요시킨다고 가르친다.

또 다른 예를 들어 보자. √kḷp [kalpate]는 그 의미가 "정돈되어 있다, 잘 맞게 있다, 일이나 과제에 맞다"이다. 따라서 시킴형이 되었을 때에 비로소 "정돈하다, 잘 맞게 정리하다"의 뜻이 된다. 따라서 잡다하게 보이는 대상들을 머릿속에서 개념적으로 정리하고 파악해서 "이것은 개이고, 저것은 고양이이고, 저것은 돼지이다."라고 인지한다고 하면 우리는 kalpayati에 대해서 "~으로 간주하다, ~으로 이해하다, ~라고 설명하다" 등의 의미를 부여할 수 있을 것이다. 나뭇조각들을 자르고 끼워 맞추어 가구를 만드는 경우라면

kalpayati는 재료를 서로 앞뒤가 맞게 자리 잡도록 시키다는 의미에서 "(가구를) 만들다"라고 이해할 수 있을 것이다. 마지막으로 제4갈래에 속하는 동사 √muh [muhyati]와 그 시킴형 mohayati를 예로 보자. 영어 사전들에는 √muh [muhyati]의 의미로 "to be perplexed, to be bewildered"가 제시되어 있다. 여기에서 "be ~"의 형태로 주어진 의미 서술에 주의해야 한다. 이 표현의 의미는 "당혹한 상태에 있다, 정신을 차리지 못하다, 당황하게 되다"라고 이해해야 한다. 이렇게 이해되어야만 시킴형인 mohayati가 "당혹한 상태에 있게 만들다, 당황하도록 만들다, 정신을 차리지 못하게 하다, 흥분하거나 화나게 만들다"로 파악될 수 있다. 이 두 의미 서술의 차이를 염두에 두고 아래 예문을 읽고 의미를 파악해 보라. 추가로 필요한 단어들은 다음과 같다.

nija [a.] 자기자신의, 속에 자리잡은, 자기 편의, 스스로의(=sva)

darvi/darvī [f.] (나무로 만든) 국자, 뱀의 펼쳐진 머리

sūpa [m.] 죽, 걸쭉한 국물, 스프, 소스

saṃyata [a.] 고정된, 묶인, 함께 묶인, 연결된, 제한된, 갇힌, 막은, 탄압된

praṇeya [a.] 이끌어져야만 하는, 지도받는, 순종하는, 행해져야 하는, 적용되어야 하는

agraṇī [a.] 맨 앞에서 이끄는, 이끌어 가는

pra-√muh [pramuhyati] 어찌할 바를 모르다, 얼빠진 상태이다

pratipanna [a.] 도달하다, 알려지다, 익숙하다, 얻다, 가지다, 합의하다, 인정받다, 약속하다, 주어지다

यस्य नास्ति निजा प्रज्ञा केवलं तु बहुश्रुतः ।
न स जानाति शास्त्रार्थं दर्वी सूपरसानिव ॥
जानन् वै मोहयसि मां नावि नौरिव संयता ।
भविष्यमर्थमाख्यासि सर्वदा कृत्यमात्मनः ॥

परप्रणेयो ऽग्रणीर्हि यश्च मार्गात्प्रमुह्यति ।
प्रतिपन्नान्स्वकार्येषु सम्मोहयसि नो भृशम् ॥『महाभारतम्』

yasya nāsti nijā prajñā kevalaṃ tu bahuśrutaḥ.
na sa jānāti śāstrārthaṃ darvī sūparasān iva.
jānan vai mohayasi māṃ nāvi naur iva saṃyatā.
bhaviṣyam artham ākhyāsi sarvadā kṛtyam ātmanaḥ.
parapraṇeyo 'graṇīr hi yaś ca mārgāt pramuhyati.
pratipannān svakāryeṣu sammohayasi no bhṛśam.『Mahābhārata』

많은 들은 것(배운 것)만 있을 뿐 자기자신의 지혜가 없는 자
그는 전문 지식 체계의 의미를 알지 못하니, 마치 국자가 국물의 맛들을 (모르는 것과 같다).
실제로 알고 있기는 한 (현재분사!) 그대가 나를 당황하게 한다. 마치 (다른) 배에 고정되어 있는 배처럼.
미래의 일이란 당신이 (결정하고) 말하는 것인데, 항상 당신 스스로가 할 일이다.
왜냐하면 남의 지도를 받아야 하는 지도자란 그의 길을 잃는 법이니.
그대는 자신의 (맡은) 일에 전념하는 우리를 아주 크게 당황시킨다.

※22.17 파생 활용 형태의 이름들은 모두 bahuvrīhi-겹낱말이다. ṇijanta는 ṇic-anta의 싼디형태이고 따라서 "ṇic로 끝나는 말"이라는 뜻이다. 그런데 gamayati "그 사람이 가게 시킨다"는 말을 보면 √gam의 뒤에 첨가되어 있는 것은 모음 i이고 이 i가 강화되어 -ay-a- 형태가 gamayati 안에 나타나고 있다. 그래서 빠니니문법에서 시킴형뒷토를 가리키는 이름 ṇic는 실제로는 i만을 가리키는 말이고, 그 앞뒤에 붙은 ṇ과 c는 문법조작을 위한 처리 과정에 i를 입력시킬 때 어떻게 처리할 것인지를 정해주기 위한 꼬리표라고 생각하면 된다. 그래서 빠니니문법 전공자들 사이에서는 로마자로 표기할 때 이런 인공언어적인 요소는 대문자로 따로 표기하는 관행이 있다. 그래서 본 교재에서도 ṆiC라는 표기를 택한 것이다. 이러한 표기와 연관된 자세한 내용은『빠니니 읽기: 인도 문법전통의 이해』를 참조하기 바란다.

연습문제 풀이

▷ 22.01 다음 문장을 한국어로 옮기시오.

▷ 22.01(01) **धर्मज्ञं राज्यं कारय तर्हि सर्वे जनास्तेन रक्ष्येरन्।**

dharmajñaṃ rājyaṃ kāraya, tarhi sarve janās tena rakṣyeran.

다르마를 아는 자가 통치를 하게 하라! 그러면 모든 사람들이 그에 의해 보호받게 될 것이다.

▷ 22.01(02) **तव द्वौ पुत्रौ ममाश्रमं गमित्वा ताभ्यां रत्नं दापयेः।**

tava dvau putrau mamāśramaṃ gamitvā tābhyāṃ ratnaṃ dāpayeḥ.

너는 너의 두 아들을 나의 수행처로 가게 하고 나서 보물을 주게 해야만 한다(가상형 2.sg.).

▷ 22.01(03) **येन मुनिः कुमराय शापं दापितः स नरकमेता।**

yena muniḥ kumarāya śāpaṃ dāpitaḥ sa narakam etā.

성자가 소년을 저주하게 만든 자는 지옥에 갈 것이다(대체미래형).

▷ 22.01(04) **बलवत्पापनृपमरणार्थमस्माभिः स पापनृपो विषं भोज्यम्।**

balavatpāpanṛpamaraṇārtham asmābhiḥ sa pāpanṛpo viṣaṃ bhojyam.

힘센 사악한 왕이 죽게 하기 위해서는 우리가 그 사악한 왕에게 독을 먹도록 해야만 한다.

▷ 22.01(05) **पुरुषाः पञ्चस्कन्धमात्राणीति बौद्धैर्बोध्यते।**

puruṣāḥ pañcaskandhamātrāṇīti bauddhair bodhyate.

인간들이란 다섯 요소로 이루어진 집합체들일 뿐이라고 불교도들에 의해 가르쳐진다.

▷ 22.01(06) यो मुनिं कोपयेत्स तस्य शापेन पीडितो भविष्यति।

yo munim kopayet sa tasya śāpena pīḍito bhaviṣyati.

성자를 화나게 하는 자라면(가상형), 그 사람은 그의 저주로 인해 고통받게 될 것이다.

▷ 22.01(07) यावत्किंचिद्वेद्मीति वदन्नपि परेण वादिना तद्वेदयितुं न शक्नोसि तावत्त्वं तन्न सम्यग्वेत्सि।

yāvat kiṃ cid vedmīti vadann api pareṇa vādinā tad vedayituṃ na śaknosi tāvat tvaṃ tan na samyag vetsi.

"나는 무엇인가를 안다."라고 말하고 있기는 하지만 그것을 상대 논쟁자에게 이해시키지 못하는 한, 너는 그것을 제대로 아는 것이 아니다.

▷ 22.01(08) देवदेव ईश्वरः सर्वमुद्भावयति च संवर्धयति च नाशयति च यथाकामम्।

devadeva īśvaraḥ sarvam udbhāvayati ca saṃvardhayati ca nāśayati ca yathākāmam.

신 중의 신인 유일신은 모든 것을 원하는 대로 생기고 자라나고 사라지게 한다.

▷ 22.01(09) युवको गोपो मुनीन्क्षेत्रे बहुभिरन्नैर्भोजयति।

yuvako gopo munīn kṣetre bahubhir annair bhojayati.

젊은 목동이 성자들을(A. pl.) 들판에서 많은 음식으로(I. pl.) 대접한다. (젊은 목동이 들판에서 성자들이 많은 음식을 먹게 시킨다.)

▷ 22.01(10) देव रथकारास्ते बृहतं रथं कल्पयिष्यन्ति।

deva rathakārās te bṛhataṃ rathaṃ kalpayiṣyanti.

폐하, 전차 장인들이 당신을 위해 뛰어난 전차를 만들 것입니다.

▷ 22.02 다음 문장 안의 괄호를 주어진 의미에 맞도록 [ ]에 주어진 단어의 적당한 형태를 사용하여 쌍쓰끄리땀으로 채워 넣은 후에 전체 문장을 데바나가리로 적으시오.

▷ 22.02(01) karṣakas tasya gāṃ nadīṃ (   ) jalam (   ). [√nī의 독립형; √pā의 시킴형, 과거형]

농부는 그의 소를 강에 데려가서 물을 마시게 했다.

karṣakaḥ tasya gāṃ nadīṃ nītvā jalam apāyayat.

कर्षकस्तस्य गां नदीं नीत्वा जलमपाययत्।

▷ 22.02(02) sarvajanā yathāvidhiṃ ca yathāśakti ca (   ) iti gurus tasya śiṣyān (   ). [√kṛ의 가상형; √śru의 시킴형, 과거형]

모든 사람들은 규정과 능력에 따라 행동해야 한다고 스승이 그의 학생들에게 가르쳤다.

sarvajanā yathāvidhiṃ ca yathāśakti ca kuryur iti gurus tasya śiṣyān aśrāvayat.

सर्वजना यथाविधिं च यथाशक्ति च कुर्युरिति गुरुस्तस्य शिष्यानश्रावयत्।

▷ 22.02(03) nalo yāvajjīvaṃ (   ) sukham (   ). ["부인을 동반한" bahuvrīhi-겹낱말; √jīv의 과거형]

날라는 한 평생 부인과 함께 행복하게 살았다.

nalo yāvajjīvaṃ sabhāryaḥ sukham ajīvat.

नलो यवज्जीवं सभार्यः सुखमजीवत्।

▷ 22.02(04) rājā mantrinaṃ pratidinaṃ (   ) dvigudānaṃ (   ). [muni의 복수

위함격; √dā의 시킴형, 과거능동분사]

왕은 재상에게 매일 소 두 마리 값의 기부금을 성자들에게 주게 시켰다.

rājā mantrinaṃ pratidinaṃ munibhyo dvigudānaṃ dāpitavān.

राजा मन्त्रिनं प्रतिदिनं मुनिभ्यो द्विगुदानं दापितवान्।

▷ 22.02(05) ( ) trijagadante sarvāṇi ( ). ["세 눈을 가진 자" bahuvrīhi-겹낱말의 수단격; √naś의 미래형]

세 눈을 가진 자(쉬바)에 의해 세 세상이 끝날 때 모든 것들이 없어질 것이다.

trilocanena trijagadante sarvāṇi naśiṣyante.

त्रिलोचनेन त्रिजगदन्ते सर्वानि नशिष्यन्ते।

▷ 22.02(06) yo brahmacārikumāras tasya guroḥ priyāṃ kanyāṃ sarvadā ( ) sa tāṃ bhāryāṃ ( ). [√bhū의 시킴형; √bhū의 시킴형, 미래형]

그 (학생으로) 금욕기를 보내고 있는 소년은 자기 스승의 사랑스러운 딸을 매순간 마음에 두고 있는데 그는 그녀를 부인이 되게 할 것이다.

yo brahmacārikumāras tasya guroḥ priyāṃ kanyāṃ sarvadā bhāvayati sa tāṃ bhāryāṃ bhāvayiṣyati.

यो ब्रह्मचारिकुमारस्तस्य गुरोः प्रियां कन्यां सर्वदा भावयति स तां भार्यां भावयिष्यति।

▷ 22.02(07) vānararājo vīreṇa tasya śatrum ( ) ca yathākāmaṃ ( ). [√dviṣ의 시킴형 과거형; √han의 시킴형, 과거형]

원숭이 왕은 영웅으로 하여금 그의 적을 미워하게 하고 또 원하는 대로 죽이게 했다.

vānararājo vīreṇa tasya śatrum adveṣayac ca yathākāmam aghātayat.

वानरराजो वीरेण तस्य शत्रुमद्वेषयच्च यथाकाममघातयत्।

▷ 22.02(08) ( ) muner duhitaraṃ śobhayitvā rājagṛham ( ). [yogin의 여성

형 복수 임자격; √gam의 시킴형, 과거형]

여자 수행자들은 성자의 딸을 아름답게 만든 후에 왕의 도시로 보냈다.

yoginyo muner duhitaraṃ śobhayitvā rājagṛham agamayan.

योगिन्यो मुनेर्दुहितरं शोभयित्वा राजगृहमगमयन्।

▷ 22.02(09) putraṃ (   ) icchāmīty uktvāhaṃ patyā māṃ (   ). [√jan의 시킴형 부정형; √nī의 시킴형, 과거능동분사]

아들을 낳고 싶다고 말을 한 후에 나는 남편이 나를 이끌게 했다.

putraṃ janayitum icchāmīty uktvāhaṃ patyā māṃ nāyayitavatī.

पुत्रं जनयितुमिच्छामीत्युक्त्वाहं पत्या मां नाययितवती। (과거능동분사 여성형)

▷ 22.02(10) brāhmaṇās teṣāṃ putrān mantrān (   ) tān (   ). [√paṭh의 시킴형 독립형; √yaj의 시킴형, 대체미래형]

사제들은 그의 아들들에게 제례 주문들을 낭송하게 하고 나서 그들이 제사를 지내게 시킬 것이다.

brāhmaṇās teṣāṃ putrān mantrān pāṭhayitvā tān yājayitāraḥ.

ब्राह्मणास्तेषां पुत्रान्मन्त्रान्पाठयित्वा तान्याजयितारः।

▷ 22.03 다음 이야기를 한국어로 옮기시오. (날라와 다마얀띠 이야기 7)

▷ 22.03(01)

एवं स शापं कृत्वा कलिर्मित्रेण सहागच्छत्सत्वरं तत्र यत्र राजा स वैरसेनिः। नलदमयन्त्योः सप्तपद्याः प्रभृति कलिर्नलं शत्रुं भावयति स्म। यत्कारणं स कष्टः सर्वथा नलदमयन्त्यौ दूषयितुमिच्छन्नास्त।

evaṁ sa śāpaṁ kṛtvā kalir mitreṇa sahāgacchat satvaraṃ tatra yatra rājā sa vairaseniḥ. naladamayantyoḥ saptapadyāḥ prabhṛti kalir nalaṃ śatruṃ bhāvayati sma. yatkāraṇaṃ sa kaṣṭaḥ sarvathā naladamayantyau dūṣayitum icchann āsta.

이와 같이 저주를 하고서 깔리는 친구와 함께 그 비라쎄나의 아들이 왕인 곳으로 서둘러 갔다. 날라와 다마얀띠의(nala-damayantī f. dvandva-겹낱말의 양수 가짐격) 결혼식 (saptapadī f.의 Ab.) 이후로 깔리는 날라를 적으로 생각했다. 그래서 그 나쁜 자는 어떻게 해서라도 날라와 다마얀띠를 해치고자 원하기를 계속했다.(√ās의 과거형)

▷ 22.03(02)

स कलिः प्रत्यहमेव सर्वदा चान्तरमन्वीक्षमाणो ऽपि तदर्थं नलस्य राज्ये ऽवसदतीव चिरम्। नलो ऽदृष्टपूर्वधर्मज्ञराजो यथाविधिं धर्ममचरच्च यथाशास्त्रं सर्वजनं धर्ममात्रमचारयत्। किंतु नलस्य सुखं न यावज्जीवं प्रवर्तते दैवेन। अथास्य कलेर्द्वादशे वर्षे त्वेवमेकमन्तरं कलिना पापेनान्ततो दृष्टम्।

sa kaliḥ pratyaham eva sarvadā cāntaram anvīkṣamāṇo 'pi tadarthaṃ nalasya rājye 'vasad atīva ciram. nalo 'dṛṣṭapūrvadharmajñarājo yathāvidhiṃ dharmam acarac ca yathāśāstraṃ sarvajanaṃ dharmamātram acārayat. kiṃ tu nalasya sukhaṃ na yāvajjīvaṃ pravartate daivena. athāsya kaler dvādaśe varṣe tv evam ekam antaraṃ kalinā pāpena dṛṣṭam.

그 깔리는 날마다 항상 기회(틈)을 살폈지만 그것을 위해 아주 오랫동안 날라의 왕국에서 머물렀다. 전례가 없는 다르마를 아는 왕인 날라는 규범에 따라 다르마를 행하였고 또 전문 지식 체계에 따라 모든 사람들이 다르마만을 행하도록 만들었다. 그러나 날라의 행복은 운명에 따라 한 평생 지속되지 못한다. 그런데 이 깔리의 12번째 해에(varṣe) 그렇게(evam) 한 번의(ekam) 기회가 사악한 깔리에 의해 포착되었다.

ᐅ 22.03(03)

एकस्मिन्दिने स नलस्य सेवकः पादजलं न स्मरति यो नलं दोषमापयति। स नलो व्यवहारेण श्रान्तः पादयोः स्नानमकृत्वा देवतां सादरमेतुमारभत। किं तु न कश्चन राज्ञः समीपे तं दोषं राजानमज्ञापयत्। तत्कालमेनं राजानमेवमेव कलिराविशत्।

ekasmin dine sa nalasya sevakaḥ pādajalaṃ na smarati yo nalaṃ doṣam āpayati. sa nalo vyavahāreṇa śrāntaḥ pādayoḥ snānam akṛtvā devatāṃ sādaram etum ārabhata. kiṃ tu na kaś cana rājñaḥ samīpe taṃ doṣaṃ rājānam ajñāpayat. tatkālam enaṃ rājānam evam eva kalir āviśat.

어느 날 날라에게 흠이 생기도록 만들 그 시종은 발 씻을 물을 잊었다. 그 날라는 일 때문에 지쳐서 발을 씻는 것을 하지 않고서 존경심을 가지고 신상을 향해 가기 시작했다. 하지만 그 누구도 왕의 주변에서 왕에게 그 잘못을 알리지 않았다. 그 때 바로 이렇게 깔리가 그 왕에게 들어가 자리잡았다(홀렸다).

ᐅ 22.03(04)

स नलमाविश्य पुष्करस्य समीपं गत्वा तमवदद्यो भ्राता नलस्य। इहागच्छ नलेन सहाक्षान्दीव्य वै। भवान्सहितो मम शक्तिना सर्वथा नामाक्षद्यूते नलं जेता। एवमेव वैरसेनिं जित्वा राजपुत्र निषधान्प्रतिपद्यस्व। अहं बृहत्तेजसा नलेन द्यूतं कारयिष्यामि ततस्तस्य सर्वधनं च तस्य राज्यं च कमलनेत्रां भार्यामपि च तुभ्यं दापयिष्यामीति। एवमुक्तः कलिना तु पुष्करो नलं गतवान्।

sa nalam āviśya puṣkarasya samīpaṁ gatvā tam avadad yo bhrātā nalasya. ihāgaccha nalena sahākṣān dīvya vai. bhavān sahito mama śaktinā sarvathā nāmākṣadyūte nalaṁ jetā. evam eva vairaseniṃ jitvā rājaputra niṣadhān pratipadyasva. ahaṃ bṛhattejasā nalena dyūtaṃ kārayiṣyāmi tatas tasya sarvadhanaṃ ca tasya rājyaṃ ca kamalanetrāṃ bhāryām api ca tubhyaṃ dāpayiṣyāmīti. evam uktaḥ kalinā tu puṣkaro nalaṃ gatavān.

그는 날라에 들어가서 (장악한) 뒤에 뿌스까라의 근처로 가서 날라의 형제인 그에게 말했다. "여기로 와서 날라와 함께 견과윷 노름을 하라! 나의 힘과 함께 해서 말 그대로 어떤 경우라도 그대가 견과윷 경기에서 날라를 이길 것이다(대체미래형). 왕자여! 바로 이렇게 비라쎄나의 아들을 이기고서 니사다 사람들(의 땅)을 얻어라! 내가 드높은 영예를 지닌 날라가 노름을 하게 만들어서 그리하여 그의 모든 재산과 그의 왕국과 그의 연꽃같은 눈을 가진 부인마저도 너에게 주게 하겠다."라고. 이렇게 깔리의 말을 들은 뿌스까라는 날라에게로 갔다.

▷ 22.03(05)

तथा स कलिः पुष्करेणाक्षान्नलेन सह देवयति स्म। परवीरहा पुष्करो नलं वीरमुपगतः। दीव्यावेति पुनः पुनर्नलमब्रवीन्नलस्य भ्राता। राजा च महामना अप्याह्वानं क्षन्तुं नार्हति स्म। ततो दमयन्त्याः प्रतीक्षमाणाया अपि नलो द्यूतं प्राप्तकालममन्यत। एवं गते कलिशक्त्याविष्टो नलो द्यूते न जेतुमशक्नोत्। ततः कलिना द्यूतं कारितस्य नलस्य सुवर्णं च रथश्च राजगृहं चैकस्मिन्क्षणे ऽनश्यन्।

tathā sa kaliḥ puṣkareṇākṣān nalena saha devayati sma. paravīrahā puṣkaro nalaṃ vīram upagataḥ. dīvyāveti punaḥ punar nalam abravīd nalasya bhrātā. rājā ca mahāmanā apy āhvānaṃ kṣantuṃ nārhati sma. tato damayantyāḥ pratīkṣamāṇāyā api nalo dyūtaṃ prāptakālam amanyata. evaṃ gate kaliśaktyāviṣṭo nalo dyūte na jetum aśaknot. tataḥ kalinā dyūtaṃ kāritasya nalasya suvarṇaṃ ca rathaś ca rājagṛhaṃ caikasmin kṣaṇe 'naśyan.

그렇게 그 깔리는 뿌스까라가 날라와 함께 견과윷 노름을 하게 했다. 상대

편 영웅을 죽이는(para-vīra-han, ⮳✤20.07(01)) 뿌스까라가 영웅인 날라에게 다가갔다. 그리고 "견과윷 노름을 하자!(dīvyāva, 명령형 1인칭 양수 √dīv)"라고 다시 또 다시 날라의 형제가 날라에게 말했다. 크나큰 마음을 지닌 왕이었지만 도전은 참을 만한 것이 아니었다. 그리하여 비다르바의 공주가 지켜보는데도 불구하고(독립 가짐격) 날라는 도박이 시의적절하다고 생각했다. 일이 이렇게 되었을 때 깔리의 힘에 홀린(āviṣṭaḥ) 날라는 노름에서 이길 수 없었다. 그래서 깔리에 의해 놀음을 하게 만들어진 날라의 금과 전차와 궁궐이 한 순간에 사라졌다.

제23과
संस्कृतवाक्योपक्रिया

※23.02 아래의 예문도 추가로 읽어보기 바란다. 이 문장을 이해하기 위해 필요한 단어는 다음과 같다.

sūkṣma [a.] 아주 작은, 극소의, 미세한, 하찮은, 심오한
gahana [a.] 깊은, 짙은, 들여다 보이지 않는

तत्त्वस्य सूक्ष्मत्वाद्गहनत्वाच्च कार्यस्यास्य च गौरवाद्धेतुं वक्तुं न शक्नोमि ।

tattvasya sūkṣmatvād gahanatvāc ca kāryasyāsya ca gauravād dhetuṃ vaktuṃ na śaknomi.

진리는 미세하고 심오한데다, 이 일은 하기 어려워서 나는 원인(hetu)을 설명할 수 없다.

※23.02(01) 이제 추상명사를 동원한 예를 하나 살펴보자. 아래의 예는 Pañcadaśī라는 저술에서 "ahaṃ brahmāsmi."(나는 브라흐만이다.)라는 문장의 의미를 설명하고 있는 대목이다. 쌍쓰끄리땀으로 된 원문 텍스트를 쌍쓰끄리땀으로 설명하는 문장을 살펴보는 기회가 될 것이다. 추가로 필요한 낱말들은 아래와 같다.

varṇita [a.] 색칠되다, 서술되다, 설명되다
parāmarśa [m.] 파악, 숙고, 고려, 판단

स्वतः पूर्णः परात्मात्र ब्रह्मशब्देन वर्णितः ।
अस्मीत्यैक्यपरामर्शस्तेन ब्रह्म भवाम्यहम् ॥

svataḥ pūrṇaḥ parātmātra brahmaśabdena varṇitaḥ
asmīty aikyaparāmarśas tena brahma bhavāmy aham.

그 자체가 완전한 (가득 찬) 궁극의 자신(para-ātman)이 여기에서(atra) "brahma"라는 말로(brahma-śabdena) 설명되었다.

"asmi"라는 말은 하나임(aikya)에 대한 숙고(를 나타내고) 따라서 "내가 브라흐만이다."(라는 뜻이다.)

※23.07 이제까지 배운 단어들을 근거로 해서 만들어지는 cvi-pratyaya의 예들을 추가로 들어 보겠다.

śūnyī-√kṛ "초토화시키다, 없는 것으로 만들다" (śūnya)
śūnyī-√bhū "초토화되다, 없게 되다" (śūnya)
andhī-√kṛ "눈이 멀게 만들다" (andha)
andhī-√bhū "눈이 멀게 되다" (andha)
ekacittī-√bhū "의견일치가 되다, 만장일치가 되다" (eka-citta)
ekī-√kṛ "하나가 되다, 결합되다" (eka)
ekī-√bhū "결합시키다, 연합시키다" (eka)
kṛṣṇī-√kṛ "검게 되다" (kṛṣṇa)
kṛṣṇī-√bhū "검게 만들다" (kṛṣṇa)
dīrghī-√kṛ "길게 되다, 길어지다" (dīrgha)
dīrghī-√bhū "길게 만들다, 연장하다" (dīrgha)
putrī-√bhū "아들이 되다" (putra)
mānuṣī-√bhū "인간이 되다" (mānuṣa)
saphalī-√bhū "성공적이게 되다, 결실이 생기다" (sa-phala)
saphalī-√kṛ "성공적이게 만들다" (sa-phala)
suvarṇī-√bhū "금이 되다" (su-varṇa)

※23.11 karmadhāraya라는 표현의 정확한 의미가 무엇인지는 불분명하다. "업무를 맡은" 정도의 의미가 추정될 뿐이다. 따라서 이 단어가 어떠한 맥락에서 겹낱말의 종류를 나타내는 단어로 사용되었는지도 불분명하다. 다만 이 단어가 karmadhāraya-겹낱말의 한 예일 것이라는 추정에는 모두 동의하고 있다.

avyayībhāva(☞✣22.04) 말은 cvi-pratyaya의 예인데, "불변화사가 됨"을 의미한다.

※23.13(01) bahuvrīhi-겹낱말처럼 겹낱말의 요소가 아닌 말을 보충해야만 겹낱말이

풀이되고 해석되는 경우를 a-sva-pada-vigraha-samāsa "겹낱말 자신에 속해 있는 말로 풀이가 이루어지지 않는 겹낱말"라고 부른다. 또 겹낱말에 다른 단어를 보충한다고 해도 겹낱말이 풀이되지 못해서 관용적으로 쓰이는 고정된 의미를 따로 알고 있어야 하는 경우를 a-vigraha-samāsa "풀이가 없는 겹낱말"라고 부른다.

※23.15(01) 예문에 나타나는 겹낱말을 분석해 보면 다음과 같다.

सुमध्या श्वेतरक्तकमलनेत्रतया देवगन्धर्वमानुषराक्षसनमस्कार्यराजं मोहयति ।

sumadhyā śvetaraktakamalanetratayā devagandharvamānuṣarākṣasa namaskāryarājaṃ mohayati.

[sumadhyā] [(⟨śveta-rakta⟩-kamala)-netratayā] [(⟨deva-gandharva-mānuṣa-rākṣasa⟩-namaskārya)-rājaṃ]

아름다운 허리를 가진 여인이 연붉은(śveta-rakta) 연꽃(kamala)과 같은 눈을 가졌다는 사실(-tā, f.)을 통해 신과 간다르바와 인간과 락사싸들에게서 존경 받을 만한 왕을 매혹시켰다.

su-madhyā는 뒷자리말의 성구분이 여성으로 바뀌어 있는 것을 볼 때 bahuvrīhi라는 것을 알 수 있다. śveta-rakta는 "연붉은"을 의미하는 karmadhāraya이고, 이 겹낱말이 뒤따르는 kamala를 꾸미고 있다. ⟨śveta-rakta⟩-kamala도 karmadhāraya이다. [(⟨śveta-rakta⟩-kamala)-netra]는 bahuvrīhi인데 이 겹낱말 자체를 여성명사인 추상명사 (°ता, f.)를 사용해서 도구격 명사 구문을(☞❖23.01(01)) 만든 경우이다. 물론 śveta-rakta를 "하얗기도 하고 붉기도 한"이라는 의미에서 dvandva로 해석하는 것이 불가능한 것은 아니지만 설득력이 떨어진다. ⟨deva-gandharva-mānuṣa-rākṣasa⟩는 dvandva이고 이 겹낱말 전체가 뒤따르는 –namaskārya와 함께 도구격 tatpuruṣa를 구성한다. (⟨deva-gandharva-mānuṣa-rākṣasa⟩-namaskārya)는 다시 뒤따르는 rāja를 수식하며 karmadhāraya를 만들어내고 있다.

※23.15(02) yathāsaṅkhya는 단지 겹낱말의 사용과 해석에만 해당되는 표현방식은 아니다. 예로 주어들과 동사들이 따로 나열된 경우에도 순서에 맞추어 주어와 동사를 짝을 짓는다거나 하는 등의 모든 다수의 요소를 포함하는 나열들의 짝짓기에 적용되는 일반적인 원칙이다. 따라서 주석서나 다른 쌍쓰끄리땀 텍스트에서 부사 표현으로 yathāsaṅkham, yathāsaṅkhyena라고 말하면 "순서 맞추기 원칙에 따라서"라고 해석하면 된다.

※23.17 아래의 예문을 추가로 읽어 보기 바란다.

स्वल्पस्नायुवसावशेषमलिनं निर्मांसमप्यस्थिकं

श्वा लब्ध्वा परितोषमेति न तु तत्तस्य क्षुधाशान्तये।

svalpasnāyuvasāvaśeṣamalinaṃ nirmāṃsam apy asthikaṃ

śvā labdhvā paritoṣam eti na tu tat tasya kṣudhāśāntaye. [nītiśataka 31]

힘줄과 지방이 아주 조금 남은 것으로 거무튀튀해진 살이라고는 없는 뼈를 얻고 개가 얻어서 기뻐하지만, 그것은 그의 굶주림을 가라앉히기 위한 (충분한) 것이 아니다.

※23.20 varṇa "색깔" → varṇayati / varṇayate "색깔을 입히다, 그리다, 서술하다, 설명하다"의 경우에는 다른 방식으로 설명하는 것도 가능하다. 이 경우의 동사를 설명하기 위해 √varṇ 이라는 형태의 동사말뿌리가 따로 존재하는데, 이것이 제10갈래 말뿌리라서 현재형이 varṇayati / varṇayate가 된다고 하는 설명도 가능하기는 하다는 말이다. 하지만 역사적인 사실에 맞지 않는 설명인데, 명사유래형으로 만들어진 많은 동사들이 종종 별도의 동사인 것처럼 다루어지는 설명이 고대 인도는 물론이고 현대 사전들에도 자리잡고 있다. 명사유래형으로 파생된 동사인지 그 독립성을 인정받을 만한 정도의 동사인지 여부는 분명하게 금을 그어 가를 수 있는 종류의 문제가 아니

다.

※23.23(02) putrakāmyati와 yaśaskāmyati의 경우에 명사유래형을 만들기 위해 -ya 대신에 -kāmya를 사용해서 "~을 원한다"는 의미를 나타내는 명사유래형을 만드는 것으로 전통문법은 설명하는데, 실제로는 겹낱말을 본디말로 삼은 명사유래어로 간주하면 된다.

연습문제 풀이

▷ 23.01 다음 문장을 한국어로 옮기시오

▷ 23.01(01) **निराहारतायाश्च शक्तिहीनत्वाद्द्वौ जम्बुकावेवात्यन्तं क्षुधया दुःखितौ।**

nirāhāratāyāś ca śaktihīnatvād dvau jambukāv evātyantaṃ kṣudhayā duḥkhitau.

먹을 것이 없는 데다 능력이 없어서 바로 그 두 마리 자칼은 배고픔 때문에 심하게 고통받았다.

▷ 23.01(02) **गां दृष्ट्वा गोत्वं ज्ञातुं शक्नोतीति केचिद्वदन्ति।**

gāṃ dṛṣṭvā gotvaṃ jñātuṃ śaknotīti ke cid vadanti.

소를 보고나서 소임을 알 수 있다고 어떤 사람들은 말한다.

▷ 23.01(03) **ग्रामस्य नायकस्य धार्मिकत्वाद्बहवः पुरुषास्तं मानयति।**

grāmasya nāyakasya dhārmikatvād bahavaḥ puruṣās taṃ mānayati.

마을의 지도자는 정의롭기 때문에 많은 사람들이 그를 존경한다.

▷ 23.01(04) **अहं सर्वज्ञो ऽस्मीति मूर्खताया अल्पज्ञश्चिन्तयति।**

ahaṃ sarvajño 'smīti mūrkhatāyā alpajñaś cintayati.

어리석음(mūrkhatā) 때문에 아는 것이 적은 자는 '나는 모든 것을 아는 자이다.'라고 생각한다.

▷ 23.01(05) **विष्णोर्भार्यायै स्वस्तिमिन्द्रस्य नार्यै च परमयुवत्वं भगवत्या दत्तम्।**

viṣṇor bhāryāyai svastim indrasya nāryai ca paramayuvatvaṃ

bhagavatyā dattam.

비스누의 부인에게는 행운이, 인드라의 부인에게는 최상의 젊음이 존귀한 여신(लक्ष्मी)에 의해 주어졌다.

D 23.01(06) **मायया देशकालादिसर्वाणां कल्पितत्वात्तद्ब्रह्मैव परमार्थतो ऽस्तीति मुनिर्वदति।**

māyayā deśakālādisarvāṇāṃ kalpitatvāt tad brahmaiva paramārthato 'stīti munir vadati.

환상에 의해 공간, 시간 등의 모든 것이 만들어졌기 때문에 "궁극적인 실제로 따져볼 때 그 브라흐만(n.)만이 있다."고 성자는 말한다.

D 23.01(07) **सर्वलोककृतः सर्पो बहुना जलजीविना मध्ये धार्यते।**

sarvalokakṛtaḥ sarpo bahunā jalajīvinā madhye dhāryate.

온 세계를 만든 자의 뱀은 많은 수생 동물에 가운데로 받쳐진다.

D 23.01(08) **गजमांसखादितुकामवृद्धसिंहः क्षुधापीडितो ऽपि तृणं न खादति। सिंहो न कदापि गव्यति।**

gajamāṃsakhāditukāmavṛddhasiṃhaḥ kṣudhāpīḍito 'pi tṛṇaṃ na khādati. siṃho na kadāpi gavyati.

코끼리 고기를 먹고 싶어 하는 늙은 사자는 배고픔 때문에 고통스러워도 풀은 먹지 않는다. 사자는 절대로 소노릇을 하지 않는다.

D 23.01(09) **मृत्वा दुर्मनसा दुर्मना नरकं गच्छति सुमनास्तु सुमनसा स्वर्गं गच्छति।**

mṛtvā durmanasā durmanā narakaṃ gacchati sumanās tu sumanasā svargaṃ gacchati.

죽고 나서 나쁜 마음 때문에 나쁜 마음을 가진 자는 지옥에 가지만 좋은 마음 때문에 좋은 마음을 가진 자는 하늘나라로 간다.

D 23.01(10) **दिक्कालाद्यपरिमितानन्तशान्तितेजसे नमः।**

dikkālādyaparimitānantaśāntitejase namaḥ.

시간과 공간 등에 의해 한정되지 않고 끝이 없고 고요한 불꽃에 경배를 올립니다. (dik-kāla-ādi-aparimita-ananta-śānti-tejaḥ)

▷ 23.01(11) **यो ऽस्माकां कन्यां दूषयन्नेव तं वनेचरं हन्यामेति वचनं श्रुत्वा सो ऽङ्गीकरणमकरोत्।**

yo 'smākāṃ kanyāṃ dūṣayann eva taṃ vanecaraṃ hanyāmeti vacanaṃ śrutvā so 'ṅgīkaraṇam akarot.

우리의 딸을 더럽히기까지 하는 그 숲에 돌아다니는 자를 우리가 죽여야 한다(가상형, hanyāma)는 말을 듣고 그는 동의했다.

▷ 23.01(12) **महाराजः सुन्दरतमनारीविवाहार्थमागतेषु वीरेषु सिंहवीरनलस्य दमयन्तीं व्यवाहयत।**

mahārājaḥ sundaratamanārīvivāhārtham āgateṣu vīreṣu siṃhavīranalasya damayantīṃ vyavāhayata.

대왕은 가장 아름다운 여인과 결혼하기 위해 도시로 온 자들 중에서 사자처럼 용감한 날라에게 다마얀띠를 시집보냈다(시킴형 과거).

▷ 23.01(13) **राजा श्रुतनर्तककवीन्राजगृहायाहूय प्रतिदिनं सर्वाह्णं क्रीडितवान्।**

rājā śrutanartakakavīn rājagṛhāyāhūya pratidinaṃ sarvāhṇaṃ krīḍitavān.

왕은 유명한 배우와 시인들을 왕궁에(rājagṛhāya) 초대해서 매일매일 하루 종일 놀았다.

▷ 23.01(14) **वज्रहतदग्धकाककृष्णीभूतवृक्षं तत्समीपवासकर्षकश्छित्त्वा दग्धवान्।**

vajrahatadagdhakākakṛṣṇībhūtavṛkṣaṃ tatsamīpavāsakarṣakaś chittvā dagdhavān.

번개에 맞아 불타고 까마귀처럼 까맣게 된 나무를 그 근처에 사는 농부가

잘라서 태웠다.

D 23.01(15) कुक्कुरो मांसीयन्नपि निर्मांसमूषिके लब्धे सुखत्वमेति । सिंहस्तु मृगमांसे लब्धे सुखतां गच्छेत् ।

kukkuro māṃsīyann api nirmāṃsamūṣike labdhe sukhatvam eti, siṃhas tu mṛgamāṃse labdhe sukhatāṃ gacchet.

개는 고기를 원하지만 살이 없는 쥐가 얻어지면 기뻐한다. 그러나 사자는 사슴 고기가 얻어져야 기뻐할 것이다.

D 23.01(16) गतदिनयुद्धहताहताः सर्वे कस्मिंश्चित्स्वर्गे पुनः समागमं करिष्यन्ति।

gatadinayuddhahatāhatāḥ sarve kasmiṃś cit svarge punaḥ samāgamaṃ kariṣyanti.

어제 전투에서 죽은 자와 죽지 않은 자 모두 언젠가 하늘나라에서 다시 모임을 갖게 될 것이다.

D 23.02 다음 이야기를 한국어로 옮기시오. (날라와 다마얀띠 이야기 8)

D 23.02(01)

कलिर्न केवलमक्षप्रियं ततः परमक्षशीलमपि नलं भावित्वा तं राजानं क्षयं गमयितुमारभत। नलमक्षशीलं भावितवता कलिना सर्वे धर्मज्ञाः सेवका भृशदुःखिता आसन्। नले ऽक्षपरे सति राजगृहात्प्रागेकः सेवको नलस्याक्षशीलत्वं चाबुद्धिमत्ता चावर्णयन्नगरजनं नलस्यास्वस्थत्वं ज्ञापितवान्। एवं गते नगरजनः सर्वो मन्त्रिभिः सह राजानं द्रष्टुमागच्छन्नस्वस्थं स्वामिनं प्राचोदयत्। देवस्त्वरयाक्षद्यूतं त्यजेदिति।

kalir na kevalam akṣapriyaṃ tataḥ param akṣaśīlam api nalaṃ bhāvitvā taṃ rājānaṃ kṣayaṃ gamayitum ārabhata. nalam akṣaśīlaṃ bhāvitavatā kalinā sarve dharmajñāḥ sevakā bhṛśadhuḥkhitā āsan. nale 'kṣapare sati rājagṛhāt prāg ekaḥ sevako nalasyākṣaśīlatvaṃ cābuddhimattā cāvarṇayan nagarajanaṃ nalasyāsvasthatvaṃ jñāpitavān. evaṃ gate nagarajanaḥ sarvo mantribhiḥ saha rājānaṁ draṣṭum āgacchann asvasthaṃ svāminaṃ prācodayat. devas tvarayākṣadyūtaṃ tyajed iti.

깔리는 날라가 견과윷 도박을 좋아하게 만든 것만이 아니고 나아가 견과윷 도박에 중독되게 만들고 나서 그 왕을 멸망으로 가게 만들기 시작했다. 날라를 견과윷 노름에 중독되게 만든 깔리에 의해 모든 다르마를 아는 하인들은 극심한 고통을 겼었다. 날라가 견과윷 도박을 가장 중요한 것으로 삼게 되었을 때, 왕궁 앞에서 자신의 본분에 충실한 한 하인이 날라가 견과윷 도박에 중독되었다는 것과 그가 정상적인 판단력을 갖지 못한다는 것을 설명했고 도시의 사람들에게 날라가 건강하지 못함을 알렸다. 일이 이렇게 되었을 때, 모든 도시 주민들은 재상들과 함께 왕을 보러 와서 정상적이지 않은 왕에게 요청했다. "폐하께서 당장(tvarayā) 견과윷 경기를 그만두어야 합니다!"라고.

▷ 23.02(02)

तस्मिन्काल एका सेवक्यमन्यतेदानीमहं दमयन्तीमुपगत्य तां ज्ञापयितास्मीति। सा सेवकी दमयन्त्यै वृत्तान्तं न्यवेदयत्। एषो ऽक्षप्रियराजचिन्तया शुक्लीभूतो नगरजनः सर्वो द्वारे तिष्ठति कार्यवान्। निवेद्यतां राजा सत्वरं तत्त्वम्। यावदबुद्धिमत्ताया राज्ञो दुष्कृतेन दत्तानि दुःखानि तावद्राजा सर्वाणि दुःखानि बहुलीकरिष्यति। धर्मार्थविद्राजा भूयांसि दुःखानि न दद्यात्। यथार्थतस्तत्त्वं वेदयतां च राजानं बोधयतु। तद्देव्याः कार्यम्। राज्ञो स्वधर्मो भवत्या ज्ञापयितव्य इति।

tasmin kāla ekā sevaky amanyatedānīm ahaṃ damayantīm upagatya tāṃ jñāpayitāsmīti. sā sevakī damayantyai vṛttāntaṃ nyavedayat. eṣo 'kṣapriyarājacintayā śuklībhūto nagarajanaḥ sarvo dvāre tiṣṭhati kāryavān. nivedyatāṁ rājā satvaraṃ tattvaṃ. yāvad abuddhimattāyā rājño duṣkṛtena dattāni duḥkhāni tāvad rājā sarvāṇi duḥkhāni bahulīkariṣyati. dharmārthavid rājā bhūyāṃsi duḥkhāni na dadyāt. yathārthatas tattvaṃ vedayatāṃ ca rājānaṃ bodhayatu. tad devyāḥ kāryam. rājño svadharmo bhavatyā jñāpayitavya iti.

그 때 여자 하인이 "그럼 이제 내가 다마얀띠에게 가서 그녀에게 알리겠다." 라고 생각했다. 그 여자 하인이 다마얀띠에게 자초지종을 알렸다. "견과윷(노름)을 좋아하는 왕에 대한 걱정 때문에 창백해진 저 도시 주민들이 모두 목적이 있어서 문 앞에 서 있습니다. 왕에게 당장 사실이 알려지도록 해야 합니다(시킴형 수동명령형 3인칭 단수)! 정상적인 판단력을 갖지 못한다는 사실에서 비롯되어 (-tā 추상명사 유래격) 왕의 잘못된 행동으로 인해 고통들이 주어지는 한, 왕은 모든 고통들이 늘어나도록 할 것입니다. 올바른 것과 성공을 아는 왕은 더 많은 (☞표19.03) 고통들을 주지 말아야 합니다. 사실에 상응하게 현실을 그대 [왕비]께서 알리시고 (vid [vetti], 시킴형 vedayate, 명령형 Ā. 3. sg.) 왕을 각성시키십시오! 그것이 왕비의 할 일입니다. 왕이 가진 책무를 당신이 (bhavatī, ☞✣14.27(01)) 알려주어야 합니다."라고.

▷ 23.02(03)

ततो दुःखितशरीरा शोकहतचेता दमयन्ती नलमवदत्। राजन्नगरजनो द्वारे भवन्तं द्रष्टुमिच्छन्तिष्ठति मन्त्रिभिः सहितः। सर्वे स्वधर्मस्थाः। तान्द्रष्टुमर्हसीति पुनः पुनरभाषत। आविष्टः कलिना राजा शोकदुःखितां भार्यां किं चन नाभाषत।स राजा मोहवशो ऽतिष्ठत्। नलस्य अक्षपरत्वात्तस्मिन्समये दमयन्ती किंचित्कर्तुं नाशक्नोत्। नलस्य गतकाले सकृद्धर्मज्ञस्य पाण्डित्यस्य स्थाने मौर्ख्यमेव नले खल्वासीत्। ततो नलः सर्वानेव नगरवासिनश्च मन्त्रिणश्च धर्मज्ञो राजा नास्तीहेत्यनुबोध्य तान्स्वगृहानगमयत्।

tato duḥkhitaśarīrā śokahatacetā damayantī nalam avadat. rājan nagarajano dvāre bhavantaṃ draṣṭum icchan tiṣṭhati mantribhiḥ sahitaḥ. sarve svadharmasthāḥ. tān draṣṭum arhasīti punaḥ punar abhāṣata. āviṣṭaḥ kalinā rājā śokaduḥkhitāṃ bhāryāṃ kiṃ cana nābhāṣata. sa rājā mohavaśe 'tiṣṭhat. nalasya akṣaparatvāt tasmin samaye damayantī kiṃ cit kartuṃ nāśaknot. nalasya gatakāle sakṛd dharmajñasya pāṇḍityasya sthāne maurkhyam eva khalv āsīt. tato nalaḥ sarvān eva nagaravāsinaś ca mantriṇaś ca dharmajño rājā nāstīhety anubodhya tān svagṛhān agamayat.

그리하여 괴로움을 겪는 몸이며 슬픔에 고통받는 마음을 지닌(śoka-hata-cetāḥ) 다마얀띠가 날라에게 말했다. "왕이시여, 도시 주민들이 재상들과 함께 문에서 당신을 보기를 원하며 서있습니다. 모두는 각자의 의무에 충실한 자들입니다. 그들을 보는 것이 마땅합니다."라고 계속해서 말했다. 깔리에 의해 홀린 왕은 슬픔에 고통받는 부인에게 어떤 말도 하지 않았다. 그 왕은 미혹의 지배에 들어가 있었다. 날라가 견과윷 (노름만)을 중요시해서 그 상황에서 다마얀띠는 그 무엇도 할 수 없었다. 실로 예전에 한 때 다르마를 알던 왕(☞ 19.15(10)) 날라의 현명함 대신에 바보스러움만 날라에게 있었다. 그리하여 날라는 그 모든 도시 주민들과 대신들에게 "다르마를 아는 왕은 여기에 없다."라는 것을 상기시키고 나서 그들을 각자의 집으로 돌아가게 했다.

제24과

संस्कृतवाक्योपक्रिया

※24.08 흔히 사용하는 단어 a-hiṃsā "불살생"에 나타나는 hiṃsā [f.] "해를 끼치기, 다치게 하기"는 원래는 √han의 바람격이라고 볼 수 있다. 하지만 형태상, 그리고 의미상 독립적으로 자주 사용되면서 바람격 활용이 아니라 별도의 말뿌리 √hiṃs 1P.;7P. [hiṃsati / hinasti] "상하게 하다, 해를 끼치다, 다치게 하다, 죽이다, 파괴하다"가 있는 것처럼 받아들여진다. 자연언어의 발전은 기계적인 도출과정에 의해 좌우되는 것이 아니라는 사실은 당연하다.

※24.12 yaṄ-luK-anta는 강조형 뒷토 -ya가 ∅(luK)로 대체되어 나타나지 않게 되는 형태로 끝을 맺는 활용 형태라는 뜻이고, yaṄ-anta는 강조형 뒷토 -ya로 끝을 맺는 활용 형태라는 뜻이다. 고전쌍쓰끄리땀에서는 거의 यङन्त-형태의 강조형만 사용되기 때문에 초보 학습자들에게 yaṅanta만을 강조형으로 제시하면서 서술하는 문법책들도 종종 있다.

※24.19 강조형이 실제로 사용된 예들이 고전쌍쓰끄리땀에서 드물다 보니 구체적으로 주어진 강조형 표현의 의미가 무엇인지를 파악하는 일이 쉽지 않은 경우가 많다. 인도전통의 사전류 편찬자들이나 주석가들이 제시한 설명이 있다거나 다른 간접적인 자료를 통해 의미를 파악할 수 있는 경우에는 강조형의 의미를 이해하기가 그나마 수월한 상황이 된다. 하지만 직접 그 표현이 사용된 일차 자료를 통해서 의미가 확인된 경우가 아닌 이상 정확한 해석에 대한 논란은 남을 수 있다. 아래 예문에서의 "dedīyate"는 "통 크게 주다"로 이해하고 "sāsmaryate"는 "(원래는 기억하지 못하던 것을 떠올려서 다시) 기억해내다"로 해석하는 것도 이런 종류의 논란에서는 자유롭기가 어렵다.

स भिक्षुर्देदीयमानस्य गृहस्थस्य नामासास्मर्त्।

sa bhikṣur dedīyamānasya gṛhasthasya nāmāsāsmart.

※24.29 여성 행위명사를 만드는 kṛt-뒷토인 -ø를 전통문법에서는 KviP-pratyaya라고 부르고, 현대 학자들은 종종 zero suffix라고 부르기도 한다.

※ 24.30

agniṃ vivikṣu

12,038.031a praviviksuḥ sa dharmajñaḥ kuntīputro yudhiṣṭhiraḥ

12,038.031c arcayām āsa devāṃś ca brāhmaṇāṃś ca sahasraśaḥ

※ 24.38 표24.07에 따르는 형태의 곡용을 보이는 말로는 manthin [m.] "휘젓는 (막대기)" [a.] "휘젓는, 섞는"이 있다.

연습문제 풀이

ᐅ 24.01 다음 문장을 한국어로 옮기시오.

ᐅ 24.01(01) **विजयार्थमाहं जिगीषन्नागच्छम्मा बिभेतु मा कुपुरुषो बिभूयताम्।**

vijayārtham āhaṃ jigīṣann āgaccham mā bibhetu mā kupuruṣo bibhūyatām.

승리를 위해, 이기려고 하는 내가 왔다. (그대는) 두려워하지 마라!(명령형 3. sg.) 진정 겁장이가 되지는 말아라!(강조형, 명령형 Ā. 3. sg.)

ᐅ 24.01(02) **वीरो राजकुमारीमापदो मुमोचयिषति।**

vīro rājakumārīm āpado mumocayiṣati

영웅은 공주를 불행에서 구하고 싶어한다. (√muc 시킴형 바람형)

ᐅ 24.01(03) **यतः बालः सर्वाह्नं न किञ्चित्खादितवांस्ततः स कष्टमपि समीपस्थमुदुम्बरं बुभुक्षितवान्।**

yato bālaḥ sarvāhnaṃ na kiñ cit khāditavāṃs tataḥ sa kaṣṭam api samīpastham udumbaraṃ bubhukṣitavān.

소년은 하루종일 아무것도 먹지 못했기 때문에 그는 어렵기는 하지만 (바른 일은 아니었지만) 가까이 있는 우둠바라를 먹고 싶어 했다.

ᐅ 24.01(04) **यन्नागरिकैः कृतं तज्जिज्ञासुर्नृपस्तस्य सेवकं तेषां नगरमगमयत्।**

yan nāgarikaiḥ kṛtaṃ taj jijñāsur nṛpas tasya sevakaṃ teṣāṃ nagaram agamayat.

도시 사람들에 의해 행해진 일을 알고 싶어 하는 왕은 그의 하인을 그들의 도시로 보냈다.

□ 24.01(05) **अपि भवान्धर्मं वेवेत्तीति पृष्टो ऽहं प्रत्यवदं धर्मं वेवेद्मि किं तु न सम्यक्स्वीकृतवानिति।**

api bhavān dharmaṃ vevettīti pṛṣṭo 'haṃ pratyavadaṃ dharmaṃ vevedmi kiṃ tu na samyak svīkṛtavān iti.

"그대는 다르마를 잘 아는가?"라는 질문을 받은 나는 "나는 다르마를 잘 알지만 제대로 내것으로 만들지 못했다!"라고 대답했다.

□ 24.01(06) **यः प्राग्धेनूरचोरयत्तं चौरं तेषां स्वामी जिघांसति।**

yaḥ prāg dhenūr acorayat taṃ cauraṃ teṣāṃ svāmī jighāṃsati.

이전에 소들을 훔쳤던 그 도둑을 그 [소]들의 주인이 죽이고 싶어 한다.

□ 24.01(07) **वीरं विजिगीषू राजराजो बलवानपि तं न जेतुमशक्नोत्।**

vīraṃ vijigīṣū rājarājo balavān api taṃ na jetum aśaknot.

영웅을 이기고 싶어 하는 왕들의 왕은(vijigīṣuḥ-rājarājaḥ) 힘이 세지만 그를 이길 수 없었다.

□ 24.01(08) **भिक्षू बुभुक्षाद्विश्वधाहारमचोरयताम् ।**

bhikṣū bubhukṣād viśvadhāhāram acorayatām.

두 거지는 먹고 싶어 하는 욕망 때문에 모든 종류의 음식을(viśvadhā-āhāram) 훔쳤다.

□ 24.01(09) **उदाचि पर्वतवासी सर्वज्ञो देवादेवः सर्वजनेभ्यः सम्पदं ददाति।**

udāci parvatavāsī sarvajño devadevaḥ sarvajanebhyaḥ sampadaṃ dadāti.

북쪽에서 산에 사는 모든 것을 아는 신들의 신은 모든 사람들에게 행운을 준다.

□ 24.01(10) **शततमयुद्धात्पश्चान्नगरे शस्त्राद्यायुधैरनिहताः पुरुषाः नासन्।**

śatatamayuddhāt paścān nagare śastrādyāyudhair anihatāḥ puruṣā nāsan.

백 번째 전쟁 이후에 도시에는 칼 등의 무기(āyudha)들에 살육되지 않은 남자들이 없었다(āsan).

D 24.01(11) **स स्वगृहं जिगमिषुः कुमारः पितरौ दिदृक्षित्वा क्षेत्रं तिरश्चा गत्वा गृहं प्रत्यागच्छत्।**

sa svagṛhaṃ jigamiṣuḥ kumāraḥ pitarau didṛkṣitvā kṣetraṃ tiraścā gatvā gṛhaṃ pratyāgacchat.

그 자기 집으로 가고 싶어 하는 (가려고 하는) 아이는 부모님이 보고 싶어져서 들판을 가로질러(tiryañc I. sg.) 가서 집으로 돌아왔다.

D 24.01(12) **कश्चिद्वेदेन विना चिकीर्षितं लब्धुं न शक्नोति।**

kaś cid vedena vinā cikīrṣitaṃ labdhuṃ na śaknoti.

누구도 지식 없이는 목적한 바를 이룰 수 없다.

D 24.01(13) **येन रथा गच्छन्ति तस्मिन्पथि सज्जलं मा पिब।**

yena rathā gacchanti tasmin pathi saj jalaṃ mā piba.

마차가 다니는 길에 있는(√as의 현재분사) 물을 마시지 마라.

D 24.01(14) **प्रागेव द्विस्त्रिर्वा तेन सह समवदमपि तस्य नाम विस्मरामि।**

prāg eva dvis trir vā tena saha samavadam api tasya nāma vismarāmi.

이전에 두세 번 그와 대화를 나누었지만 그의 이름을 잊어버렸다.

D 24.01(15) **कुपुत्रः स्वग्रामं नशयतीति बहुधा उपदिश्यते।**

kuputraḥ svagrāmaṃ naśayatīti bahudhā upadiśyate.

나쁜 아들은 자신의 마을을 망하게 한다고 수차례 가르쳐졌다.

D 24.01(16) **शोकपीडितो ब्राह्मणः स्वपुत्रहनमशपत्तेन शापेन तस्य हन्तुः पुत्रो**

ऽप्यहन्यत च।

śokapīḍito brāhmaṇaḥ svaputrahanam aśapat tena śāpena tasya hantuḥ putro 'py ahanyata ca.

슬픔으로 고통스러워하는 사제는 자신의 아들을 죽인 자를 저주했고, 그 저주로 인해 그 살인자의 아들 또한 죽임을 당했다.

▷ 24.02 다음 이야기를 한국어로 옮기시오. (날라와 다마얀띠 이야기 9)

▷ 24.02(01)

तथा तदापद्गतस्य नलस्याक्षद्यूतं प्रावर्तत बहून्मासान्। नलस्त्वजीयत सततं पुष्करेण। तत्कालमक्षशीलत्वान्नलः सर्वथा द्यूतमजिगीषत। नलस्तु तस्मिन्समये केवलमक्षधर्ममजानात्। किं तु सो ऽक्षहृदयज्ञो न बुभूषति स्म। एवमेव नलस्तस्य राज्यं च धनं च पुनरैप्सत्। तस्य चिकीर्षितं सर्वं निरर्थकमिति तत्त्वं नल एव नामीमांसत। ततो दमयन्ती नलं मोहादन्धीभूतमल्पीकृतबुद्धिं दृष्ट्वा तस्य मौर्ख्यात्सततं दुःखायते।

tathā tad āpadgatasya nalasyākṣadyūtaṃ prāvartata bahūn māsān. nalas tv ajīyata satataṃ puṣkareṇa. tatkālam akṣaśīlatvān nalaḥ sarvathā dyūtam ajigīṣata. nalas tu tasmin samaye kevalam akṣadharmam ajānāt. kiṃ tu so 'kṣahṛdayajño na bubhūṣati sma. evam eva nalas tasya rājyaṃ ca dhanaṃ ca punar aipsat. tasya cikīrṣitaṃ sarvaṃ nirarthakam iti tattvaṃ nala eva nāmīmāṃsata. tato damayantī nalaṃ mohād andhībhūtam alpīkṛtabuddhiṃ dṛṣṭvā tasya maurkhyāt satataṃ duḥkhāyate.

그렇게 불행에 빠진 날라의 견과윷 노름은 여러 달 동안 계속되었다. 하지만 날라는 계속 뿌스까라에게 졌다. 그때 견과윷 노름 중독 때문에 날라는 어떻게 해서라도 노름을 이기고 싶어 했다(바람형 과거형 Ā. 3. sg.). 날라는 그 상황에서 오직 견과윷의 규칙을 알고 있었다. 그러나 견과윷의 핵심을 아는 사람이 되려고 하지는 않았다. 그렇게 날라는 자신의 왕국과 재산을 다시 얻고 싶어했다(īpsati의 과거형). 그의 의도한 바는 모두 소용이 없다는 사실을 날라는 따져보지(√man의 바람형 Ā. 과거형 3. sg.) 않았다. 그리하여 다마얀띠는 날라가 착각에 눈이 멀고 판단력이 줄어든 것을 보고 그의 어리석음 때문에 계속 고통을 느꼈다.

D 24.02(02)

सुखदुःखदभर्तुर्मोहाद्देवी दमयन्ती विवर्णमुखा बिभूयते। वैदर्भी तदानीमत्यन्तमशोचत्। सा पुनः पुनश्चिन्तापरा विवर्णवदना नलं बुबोधयिषुर्देव्यमन्यत। कथं मम पतिं पुनः स्वस्थचित्तं भावयिष्यामीति। दमयन्ती नलं राज्ञो स्वधर्मं विवेदयिषुरासीत्। यदा मम पतिः स्वधर्मं पुनः सास्मर्ति तदा मम धर्मज्ञो राजा राज्ञो धर्मं चिकीर्षिष्यतीति दमयन्ती तस्मिन्समये ऽपि नले विश्वासमकरोत्।

sukhaduḥkhadabhartur mohād devī damayantī vivarṇamukhā bibhūyate. vaidarbhī tadānīm atyantam aśocat. sā punaḥ punaś cintāparā vivarṇavadanā nalaṃ bubodhayiṣur devy amanyata. kathaṃ mama patiṃ punaḥ svasthacittaṃ bhāvayiṣyāmīti. damayantī nalaṃ rājño svadharmaṃ vivedayiṣur āsīt. yadā mama patiḥ svadharmaṃ punaḥ sāsmarti tadā mama dharmajño rājā rājño dharmaṃ cikīrṣiṣyatīti damayantī tasmin samaye 'pi nale viśvāsam akarot.

즐거움도 주고 고통도 주는 남편의 착각 때문에 왕비인 다마얀띠는 자주 얼굴이 창백하게 되었다. 비다르바의 공주는 그 때 극심하게 괴로워했다. 그녀는 다시 또 다시 생각에 잠겨 창백한 얼굴이 되어서 날라를 일깨우고 싶어 하는 왕비로서 생각했다. "어떻게 내 남편을 다시 건강한 정신을 지니게 만들(시킴형 미래) 것인가?"라고. 다마얀띠는 날라에게 왕이 갖는 지위에 따른 의무를 알게 해 주고 싶어했다. "만약 내 남편이 왕의 의무에 대해 다시 정말로 기억을 한다면 (강조형) 그러면 다르마를 아는 내 왕은 왕의 의무를 행하고 싶어 하게 될 것이다(바람형 미래형)."라고 다마얀띠는 그 상황에서도 날라를 신뢰했다.

▷ 24.02(03)

तस्मिन्काले राजगृहे दमयन्त्याः समीपस्थो वृद्धमन्त्री स्वधर्मं चिकीर्षन्नमन्यत। इदानीमस्य राज्यस्य च राज्ञश्च रक्षणार्थमुपायं जिज्ञासुं भृशदुःखितां देवीं पश्यामि। यावदहं देव्या दुःखं वेवेद्मि तावदहमपि तस्या आपदा विश्वधा पीडितो ऽस्मि। ततो ऽहमद्य सर्वेषामत्यन्तं दुःखमल्पीकर्तुमिच्छामीति। सर्वेषां स्वस्तिं प्रथममीप्सुः स महामन्त्र्यक्षद्यूतस्थानमुपागच्छत्।

tasmin kāle rājagṛhe damayantyāḥ samīpastho vṛddhamantrī svadharmaṃ cikīrṣann amanyata. idānīm asya rājyasya ca rājñaś ca rakṣaṇārtham upāyaṃ jijñāsuṃ bhṛśaduḥkhitāṃ devīṃ paśyāmi. yāvad ahaṃ devyā duḥkhaṃ vevedmi tāvad aham api tasyā āpadā viśvadhā pīḍito 'smi. tato 'ham adya sarveṣām atyantaṃ duḥkham alpīkartum icchāmīti. sarveṣāṃ svastiṃ prathamam īpsuḥ sa mahāmantry akṣadyūtasthānam upāgacchat.

그 때 왕궁에서 다마얀띠의 근처에 있던 늙은 재상이 자신의 의무를 행하고 싶어 하면서 생각했다. "이제 이 왕국과 왕을 지키기 위해서 해결책을 알고 싶어 하는 크게 고통을 당하는 왕비를 내가 본다. 내가 왕비의 고통을 정말로 알고 있으니(강조형), 그만큼 나도 또한 그녀의 불행 때문에 모든 면에서 괴롭다. 그러니 내가 이제 모든 이들의 극심한 고통을 줄이고 싶다."라고. 모든 이들의 행복을 첫째로 원하는 그 대재상은 견과윷 노름을 하는 자리로 다가갔다.

▷ 24.02(04)

स महामन्त्री नलं मन्त्रयितुमारब्धः। देव भवतो ऽक्षशीलत्वं

चादृष्टपूर्वमाविष्टत्वं च वेवेत्तु। राज्ञो स्वधर्मं यथापूर्वं कुर्यादिति। स्वधर्मं चिकीर्षितवानपि तस्य मन्त्रिनः प्रयत्नो निरर्थकः। नलस्य शुश्रूषा कथं चिन्नासीत्। महामन्त्रिणो द्वितीयं वाक्यं च त्रितीयं वाक्यमपि कष्टं नलेन श्रुतम्। एवमेकार्थं चतुर्थमपि च न श्रुतम्।

sa mahāmantrī nalaṃ mantrayitum ārabdhaḥ. deva bhavato 'kṣaśīlatvaṃ cādṛṣṭapūrvam āviṣṭatvaṃ ca vevettu! rājño svadharmaṃ yathāpūrvaṃ kuryād iti. svadharmaṃ cikīrṣitavān api tasya mantrinaḥ prayatno nirarthakaḥ. nalasya śuśrūṣā kathaṃ cin nāsīt. mahāmantriṇo dvitīyaṃ vākyaṃ ca tṛtīyaṃ vākyam api kaṣṭaṃ nalena śrutam. evam ekārthaṃ caturtham api ca na śrutam.

그 대재상은 날라에게 조언을 하기 시작했다. "폐하! 폐하의 견과윷 도박 중독과 [폐하가] 홀려 있다는 전례가 없는 사실을 똑바로 아셔야 합니다(강조형 명령형)! 왕의 의무를 이전처럼 행해야 합니다!"라고. 자신의 의무를 행하고 싶어 하기는 했으나 그 재상의 노력은 쓸모가 없었다. 날라의 듣고 싶어 하는 의지가 전혀 없었다. 대재상의 두 번째 말과 세 번째 말도 날라가 전혀 듣지를 않았다. 그렇게 같은 내용의 네 번째 [말]도 듣지를 않았다.

제25과
संस्कृतवाक्योपक्रिया

※25.01 인도 문법전통은 과거형과 완료형을 구분하기 위해서 과거형은 과거의 일인데 화자가 직접 경험한 것을 말하고, 완료형은 과거의 일인데 화자가 직접 경험한 일은 아닌(parokṣabhūtakāla) 것을 나타낸다고 설명을 한다. 이 설명이 실제 언어현실과는 먼 허구적인 구분에 불과하지만, 이러한 방식으로 문법전통에서 주어진 규정이 후대의 완료형 사용에 영향을 미쳤을 가능성은 배제할 수 없다.

※25.07 여기에서 강형: uvāca "그가 말했다"; 약형 ūcuḥ "그들이 말했다"는 자주 사용되는 중요한 형태이니 반드시 익혀야 한다.

※25.09(01) 여기에서 āha "그가 말했다"와 āsa "그가 있었다"는 아주 자주 사용되는 형태이니 반드시 익혀두기 바란다.

※25.14(03) 여기에 해당되는 동사로 다음의 예들을 추가로 들 수 있다.

√ci "쌓다"
cicyima "우리가 쌓았다"; cicyuḥ "그들이 쌓았다"
√krī "사다"
cikriyima "우리가 샀다"; cikriyuḥ "그들이 샀다"
√mṛ "죽다"
mamrima "우리가 죽었다"; mamruḥ "그들이 죽었다"
√kṝ "내뿜다"
cakarima "우리가 내뿜었다"; cakaruḥ "그들이 내뿜었다"

※25.15 √hā "버리다" → jahau "내가 버렸다, 그가 버렸다"; jahuḥ "그들이 버렸다"의 경우는 P.이지만, 제3갈래 Ā. √hā [jihīte]의 경우라면 완료형은 jahe "그가 버렸다"; jahire "그들이 버렸다"가 된다.

※25.26 역사적으로 보자면 대체완료형 P. 활용에서 고전쌍쓰끄리땀 이전에는 주로 -cakāra가 쓰이지만 고전쌍쓰끄리땀에서는 -āsa가 가장 자주 쓰인다.

※25.30 vara "선택, 선호"를 사용해서 "~하느니 차라리 ~하겠다"라는 표현을 하

는 방식을 아래 예문에서 쉬운 형태로 볼 수 있다.

mṛgasyāpi janma varaṃ na ca klībasya.

짐승의 (형태로)라도 태어남이 선택이고, 그리고 남자답지 못한 자의 (모습으로는) 아니다. → 짐승으로 태어나는 것조차도 남자답지 못한 자로 태어나는 것보다는 낫다.

※25.31(01)

तस्मै स विद्वानुपसन्नाय सम्यक्
प्रशान्तचित्ताय शमान्विताय।
येनाक्षरं पुरुषं वेद सत्यं
प्रोवाच तां तत्त्वतो ब्रह्मविद्याम्।『मुण्डकोपनिषद्』

tasmai sa vidvān upasannāya samyak
praśāntacittāya śamānvitāya.
yenākṣaraṃ puruṣaṃ veda satyaṃ
provāca tāṃ tattvato brahmavidyām. *Muṇḍaka-Upaniṣad*

가라앉은 마음을 갖추고 평정을 추구하며
올바른 방식으로 (스승에게) 다가온 그 (학생)에게 현명한 자(인 스승은)
브라흐만(에 대한) 그 지혜를 있는 그대로 가르쳤고,
(그 학생은) 사라지지 않는 참된 인간(의 본질)을 파악했다(veda).

sa vidvān: 그 아는자가 → 스승이
pra-uvāca: 가르쳤다. 알려주었다(완료형)
tāṃ brahmavidyām: 그 브라흐만에 대한 앎을 있는 그대로(tattvato, 사실대로)
praśāntacittāya: bahuvrīhi-겹낱말 위함격
upasannāya samyak: 올바른 방식으로(samyak) 배우기 위해 스승에게

다가온(upasanna) 자에게(위함격)

yena ... puruṣaṃ ... veda: 그것을 통해 (학생이) 인간(의 본질)을 알았다

연습문제 풀이

ᐅ 25.01 다음 문장을 한국어로 옮기시오

ᐅ 25.01(01) **यः शत्रुहस्तं चिच्छेद स एव त्रिलोचनः।**

yaḥ śatruhastaṃ ciccheda sa eva trilocanaḥ.

적의 팔을 잘랐던 바로 그가 세 눈을 가진 자(쉬바)이다.

ᐅ 25.01(02) **ये ग्रामं तत्यजुस्ते युवका न प्रत्याजग्मुः।**

ye grāmaṃ tatyajus te yuvakā na pratyājagmuḥ.

마을을 떠났던 젊은이들이 돌아오지 않았다.

ᐅ 25.01(03) **ब्राहमणा देवायेजुश्च हवींषि जुहुवुश्च।**

brāhamaṇā devāyejuś ca havīṃṣi juhuvuś ca.

사제들은 신에게 제사를 지내고(ījur) 공물을 바쳤다.

ᐅ 25.01(04) **मम पितरौ मम्रात इत्येको बाल उवाच।**

mama pitarau mamrāta ity eko bāla uvāca.

"내 부모님은 죽었다(mamrāte)."라고 한 소년이 말했다.

ᐅ 25.01(05) **यदा राक्षसा वने सुषुपुस्तदाहं वनमाप ताञ्जघन च।**

yadā rākṣasā vane suṣupus tadāhaṃ vanam āpa tāñ jaghana ca.

락사싸들이 자고 있을 때 나는 숲에 이르렀고 그들을 죽였다.

ᐅ 25.01(06) **यद्यूयमीष तदहमपीयेष किं त्वाप्तुं न शशाक।**

yad yūyam īṣa tad aham apīyeṣa kiṃ tv āptuṃ na śaśāka.

너희들이 원하는(īṣa) 것을 나 또한(api) 원했지만(iyeṣa) 얻을 수 없었다.

D 25.01(07) द्वौ व्याधौ मृगं ददृशतुरनुजग्मतुर्जगृहतू रज्जुना बबन्धतुश्च।

dvau vyādhau mṛgaṃ dadṛśatur anujagmatur jagṛhatū rajjunā babandhatuś ca.

두 사냥꾼은 사슴을 보았고 뒤따라가서 잡고(jagṛhatur) 밧줄로 묶었다.

D 25.01(08) धनी बुभूषामीति दरिद्रब्राह्मणो मेने ।

dhanī bubhūṣāmīti daridrajbrāhmaṇo mene.

부자가 되고 싶다고 가난한 사제가 생각했다.

D 25.01(09) यदि तिलं पीडयेस्तर्हि तैलं लभेथा इति वचनं शुश्रोथ।

yadi tilaṃ pīḍayes tarhi tailaṃ labhethā iti vacanaṃ śuśrotha.

너는 "네가 깨를 짠다면(pīḍayes, 가상형 2. sg.) 참기름을 얻을 수 있을 것이다(labhethās, 가상형 2. sg.)."라는 말을 들었다.

D 25.01(10) यानि धनिजनो ददौ तान्यन्नजलानि पिपासुबुभुक्षुदरिद्रजनः पपौ च आद च।

yāni dhanijano dadau tāny annajalāni pipāsububhukṣudaridrajanaḥ papau ca āda ca.

부유한 사람이 준 물과 음식들을 굶주리고 목이 마른 가난한 사람이 마시고(papau) 먹었다(āda).

D 25.01(11) कुरुक्षेत्रे बन्धवः परस्परं जघ्नुरिति हास।

kurukṣetre bandhavaḥ parasparaṃ jaghnur iti hāsa.

"꾸루의 들판에서 친족들이 서로 죽였다."고 전해진다.

D 25.01(12) इन्द्रः सोमं पपौ वृत्रं विजिगाय चेति हास।

indraḥ somaṃ papau vṛtraṃ vijigāya ceti hāsa.

"인드라가 쏘마를 마시고 브리뜨라를 무찔렀다."고 전해진다.

D 25.01(13) यो ऽहं सर्वविदित्याह तं वयं मूर्खमूचुः।

yo 'haṃ sarvavid ity āha taṃ vayaṃ mūrkham ūcuḥ.

"나는 모든 것을 아는 자이다."라고 말한 자를 우리는 바보라고 불렀다.

D 25.01(14) बालशिष्यः किञ्चिन्न सम्यग्वेदाप्यात्मानं विद्वांसं गणयामास।

bālaśiṣyaḥ kiñcin na samyag vedāpy ātmānaṃ vidvāṃsaṃ gaṇayāmāsa.

어린 학생은 어떤 것도 제대로 알지(veda) 못함에도 불구하고 스스로를 현명한 자로 여긴다.

D 25.01(15) भवदीयभार्यया सह कुत्र भवाञ्जिजीव।

bhavadīyabhāryayā saha kutra bhavāñ jijīva.

당신의 부인과 함께 당신은 어디서 살았는가?

D 25.01(16) तव पतिस्त्वां विस्मरिष्यतीति शेपिवान्मुनिराश्रमं शीघ्रं तत्याज।

tava patis tvāṃ vismariṣyatīi śepivān munir āśramaṃ śīghraṃ tatyāja.

"너의 남편이 너를 잊을 것이다."라고 저주를 내린(완료분사) 성자는 빠르게 수행처를 떠났다.

D 25.01(17) आचार्यः शिष्यं बौद्धशास्त्रं पाथयां चकार।

ācāryaḥ śiṣyaṃ bauddhaśāstraṃ pāthayāṃ cakāra.

스승은 학생에게 불경을 (낭송하게 지도했다→) 가르쳤다.

D 25.02 다음 이야기를 한국어로 옮기시오. (날라와 다마얀띠 이야기 10)

D 25.02(01)

किं तु दमयन्ती न किञ्चित्कर्तुं च कारयितुं चाशक्नोत्। सर्वथा नास्ति मम शक्तिर्नलं तत्त्वं बोधयितुमिति चिन्तयामास वैदर्भी। सा देवी यथाधर्मं

राज्यं रक्षितुमियेष। अथ सा विदुषी देवी न उपायज्ञा बभूव न कं चिदुपायं ददर्श। सा सततं श्रेष्ठमुपायं बुभुत्सांचकार। इतरथा तु नलस्यास्वस्थां बुद्धिं मन्यमानाः सा नलस्य कृते तस्मिन्समये ऽप्यनेककार्यं चकार।

kiṃ tu damayantī na kiñ cit kartuṃ ca kārayituṃ cāśaknot. sarvathā nāsti mama śaktir nalaṃ tattvaṃ bodhayitum iti cintayāmāsa vaidarbhī. sā devī yathādharmaṃ rājyaṃ rakṣitum iyeṣa. atha sā viduṣī devī na upāyajñā babhūva na kaṃ cid upāyaṃ dadarśa. sā satataṃ śreṣṭham upāyaṃ bubhutsāṃcakāra. itarathā tu nalasyāsvasthāṃ buddhiṃ manyamānāḥ sā nalasya kṛte tasmin samaye 'py anekakāryaṃ cakāra.

하지만 다마얀띠는 아무것도 하지도 시키지도 못했다. "어떻게 해도 날라에게 현실을 알게 할 능력이 내게는 없다."라고 비다르바 [출신의 여자]는 생각했다. 그 왕비는 규범에 따라 왕국을 보호하기를 원했다. 그런데 그 현명한 왕비는 해결책을 아는 사람이 아니었고 그 어떤 해결책도 보지 못했다. 그녀는 계속해서 최선의 해결책을 알고 싶어 했다. 하지만 다른 면에서는 날라의 건강하지 않은 판단력을 고려한 그녀는 날라를 위하여 그 상황에서도 여러가지 일을 했다.

ᗡ 25.02(02)

सा गुणवती देव्येकं सैनिकं हूत्वा तमुवाच। हे सैनिक सम्यक्शृणु। स राजराजो नलः सर्वदा त्वयि विश्वासं चकार। तस्यादृष्टपूर्वादाविष्टत्वादद्य स कष्टस्थाने ऽस्ति। राज्ञो रथं शीघ्रतमेनाश्वेन संयुङ्धि। मम पुत्रौ चारोप्य विदर्भं प्रणयितुमर्हसि। मम पितरं विदर्भस्य महाराजमिमौ पुत्रौ शरणं गन्तुमर्हतो ऽवश्यमिति। एवमुक्तः सैनिकः प्रत्युवाचैवं भवत्विति। यथा भवती हृदीच्छति तथा करिष्यामीत्याह स देशकालज्ञः सैनिकः।

sā guṇavatī devy ekaṃ sainikaṃ hūtvā tam uvāca. he sainika samyak śṛṇu. sa rājarājo nalaḥ sarvadā tvayi viśvāsaṃ cakāra. tasyādṛṣṭapūrvād āviṣṭatvād adya sa kaṣṭasthāne 'sti. rājño ratham śīghratamenāśvena saṃyuṅgdhi. mama putrau cāropya vidarbhaṃ praṇayitum arhasi. mama pitaraṃ vidarbhasya mahārājam imau putrau śaraṇaṃ gantum arhato 'vaśyam iti. evam uktaḥ sainikaḥ pratyuvācaivaṃ bhavatv iti. yathā bhavatī hṛdīcchati tathā kariṣyāmīty āha sa deśakālajñaḥ sainikaḥ.

그 덕성을 갖춘 왕비는 한 경비병을 불러서 그에게 말했다. "오, 병사여! 잘 들어라! 저 왕들의 왕인 날라는 항상 그대를 신뢰했다. 그의 전례가 없는 홀려 있다는 사실 때문에 이제 그는 어려운 상황에 있다. 왕의 전차에 가장 빠른 말을 묶어라(saṃ-√yuj 명령형 2.sg. ☞표11.22). 그리고 내 두 아들을 태워서(āropya) 비다르바로 데리고 가야 한다. 내 아버지인 비다르바의 대왕에게서 이 두 아들은 분명히 피난처를 찾을 수 있다."라고. 그런 말을 들은 경비병은 대답하기를(pratyuvāca) "그렇게 하겠습니다!"라고 했다. "그대께서 마음 속에(hṛdi) 원하시는 대로, 그대로 제가 하겠습니다!"라고 그 때와 장소를 [가릴 줄] 아는 경비병은 말했다.

D 25.02(03)

ततः स सैनिको राजपुत्राभ्यां सह प्राञ्चं पन्थानमनुजगाम। पञ्चभ्यो दिनेभ्यः परं ते विदर्भं दूरमीक्षांचक्रिरे। इहान्यराष्ट्रीयं देशं पश्याम इति ते मेनुः। देव्या द्वौ पुत्रावानयमिह। ततो मम कार्यं कृतम्। यदा चिन्नलो नश्येत्तदापि तस्य पुत्रौ सुखं जीवेतां यावज्जीवमिति स सैनिको ममान।

tataḥ sa sainiko rājaputrābhyāṃ saha prāñcaṃ panthānam anujagāma. pañcabhyo dinebhyaḥ paraṃ te vidarbhaṃ dūram īkṣāṃcakrire. ihānyarāṣṭrīyaṃ deśaṃ paśyāma iti te menuḥ. devyā dvau putrāv ānayam iha. tato mama kāryaṃ kṛtam. yadā cin nalo naśyet tadāpi tasya putrau sukhaṃ jīvetāṃ yāvajjīvam iti sa sainiko mamāna.

그리고 나서 그 경비병은 두 왕자들과 함께 동쪽 길을 따라갔다. 닷새가 지난 후에 그들은 멀리서 비다르바를 보았다. "여기 다른 왕국의 땅을 우리가 본다."라고 그들은 생각했다. "내가 왕비의 두 아들들을 여기로 데려왔다. 이렇게 나의 할 일은 완수되었다. 언젠가 날라가 멸망한다면 그 때에도 그의 두 아들들은 평생 동안 행복하게 살지니!"라고 그 경비병은 생각했다.

▷ 25.02(04)

यो नलमापदं गमयितुमियेष तेन पुष्करेण नलस्य राज्यं नष्टम्। यथा चाक्षाः पुष्करस्य वशे वर्तन्ते तथैवाक्षेषु नलस्येप्सितं न कदाचनादृश्यत। यदा यदा ह्यक्षप्रियो नृपः पुष्करेण जीयते तदा तदा जिगीषोर्नलस्य मोहो बहुलीबभूव। सर्वे मन्त्रिणो विदुषा महामन्त्रिणा सततं मन्त्रयाञ्चक्रुः। स महामन्त्र्येतद्वाक्यमुवाच। अथ त्वस्माकं राजा यथार्थानि वाक्यानि न शृणोति। तस्य राज्ञो रायः शेषो नास्तीति मन्ये। अस्माकं राजा तस्याक्षान्धत्वात्स्वराज्यं नाशयित्वा वनेचरो भविष्यति। तद्दुर्दैवं तदीयमिति।

yo nalam āpadaṃ gamayitum iyeṣa tena puṣkareṇa nalasya rājyaṁ naṣṭam. yathā cākṣāḥ puṣkarasya vaśe vartante tathaivākṣeṣu nalasyepsitaṃ na kadācanādṛśyata. yadā yadā hy akṣapriyo nṛpaḥ puṣkareṇa jīyate tadā tadā jigīṣor nalasya moho bahulībabhūva. sarve mantriṇo viduṣā mahāmantriṇā satataṃ mantrayāñ cakruḥ. sa mahāmantry etad vākyam uvāca. atha tv asmākaṃ rājā yathārthāni vākyāni na śṛṇoti. tasya rājño rāyaḥ śeṣo nāstīti manye. asmākaṃ rājā tasyākṣāndhatvāt svarājyaṃ nāśayitvā vanecaro bhaviṣyati. tad durdaivam tadīyam iti.

날라를 불행에 빠뜨리고자 원했던 그 뿌스까라에 의해 날라의 왕국은 사라졌다. 견과윷들이 뿌스까라의 지배 하에 놓인 것처럼, 바로 그렇게 견과윷들에서 날라가 원하는 바(īpsitam)는 결코 나타나지(수동형 과거) 않았다. 그런데 견과윷 노름을 좋아하는 왕이 뿌스까라에게 질 때마다 그 때마다 이기고자 하는 날라의 착각은 늘어났다. 모든 재상들이 현명한 대재상과 함께 계속 상의하고 있었다. 그 대재상은 이런 말을 했다. "그런데 우리의 왕은 사실대로

의 말을 듣지 않는다. 저 왕의 재산의(표18.02) 남은 것은 없다고 나는 생각한다. 우리들의 왕은 견과윷 노름에 눈이 멀어서 자신의 왕국을 없애버리고 나서 숲에서 사는 사람이 될 것이다. 이 나쁜 운은 그의 것이다."라고.

제26과
संस्कृतवाक्योपक्रिया

※26.01 'aorist'이라는 이름은 고전그리스어 a-óristos "확정되지 않은, 정해지지 않은"에서 비롯된 말이다. 이 말은 aorist형으로 표현된 동작이나 상황의 지속이 어느 정도인지에 대해서 암시하는 정보가 없이 단지 과거의 한 순간에 있었던 일을 서술한다는 데에서 비롯된 용어이다. 고전그리스어에서 imperfect가 과거진행형으로 과거의 어떤 동작이나 상황이 지속되었다는 것을 나타내는 것과 대조되는 이름이다.

※26.03 갈이소리접때형 (sibilant aorist)의 경우에는 그리스어에서 s 소리를 나타내는 sigma에 따라 이름을 붙여서 "sigmatic aorist"라는 이름이 사용되기도 한다.

※26.05 접때형은 자주 마추치게 되는 동사의 활용형이 아니다. 접때형은 「날라 이야기」 전체에 21번 *Hitopadeśa*에 7번 *Bhagavadgītā*에 6번 사용된다. *Manusmṛti*에는 7번 나타난다고 한다. 하지만 텍스트의 종류에 따른 차이를 감안하면 접때형을 배우지 않아도 될 내용으로 생각해서는 안 된다. 예로 뿌라나(Purāṇa) 텍스트들의 경우에는 현격하게 빈도가 더 높아지는 것으로 알려져 있다. 또한 빠알리텍스트와 같은 중세방언으로 남아 있는 텍스트 자료에서 접때형을 자주 접하게 되기 때문에 최소한 접때형 활용을 알아두어야 할 필요가 있다.

한 번의 학습에서 문법 규정들을 통해 빠짐 없이 접때형들을 모두 익히기는 어려울 뿐더러, 접때형과 연관된 모든 문법 규정들을 제시하고 학습할 수도 없기 때문에 교재에서 제시되는 내용에 대해 개괄적으로 익혀 두기를 권한다. 일반적으로 필요한 내용이라고 보이는 것들을 개괄적인 한에서 빠짐없이 제시하고자 하는 것은, 나중에 학습자들에게 접때형에 대한 이해가 필요한 상황이 닥쳤을 때에 접때형에 관한 내용을 깊이 있게 공부하거나 확인해야 할 필요가 있는 상황을 염두에 둔 것이다. 접때형과 관련된 활용 형태들을 모두 암기해야 한다는 부담을 가질 필요는 없다.

※ 26.15(03) 접때형 중에서 √kṛ → akṛta라거나 √dā → adithāḥ 같은 형태는 원래는 말뿌리 접때형으로 만들어진 형태들이라고 보는 것이 타당하다.

※ 26.30 √vid 찾다 → avidam "내가 찾았다"의 경우 베다에서는 종종 사용되는 형태이고 베다에서는 Ā.형태인 avide "내가 찾았다"도 사용된다.

※ 26.37 빠니니는 P. 5.3.6에서 -kalpa를 taddhita-뒷토로 인정한다.

✣ 26.49(02) 말이 가리키는 대상이 작은 경우이거나 덜 자란 경우 혹은 작은 모양으로 줄어들어 있는 상태인 경우를 나타내기 위해 원래 크기의 대상을 가리키는 본디말의 뒤에 붙여서 사용하는 뒷토가 줄여부름말뒷토이고 이 뒷토가 사용된 말을 "줄여부름말"(diminutive)이라고 한다. 영어의 "ugly duckling" (-ling), 독일어의 "brötchen" (-chen) 등에서 볼 수 있는 형태를 말한다.

연습문제 풀이

▷ 26.01 다음 문장을 한국어로 옮기시오.

▷ 26.01(01) **कुक्कुरो निर्मांसास्थिकं लब्ध्वात्यन्तमनन्दीत्।**

kukkuro nirmāṃsāsthikaṃ labdhvātyantam anandīt.

개는 살이 붙어있지 않은 작은 뼈를 얻고(labdhvā, 독립형) 매우 기뻐했다.

▷ 26.01(02) **बालको मित्रैः सह क्रीडित्वा गृहं प्रत्यगमत्।**

bālako mitraiḥ saha krīḍitvā gṛhaṃ pratyagamat.

어린 소년은 친구들과 놀고 나서 집으로 돌아갔다.

▷ 26.01(03) **देवा आपदो ऽस्मान्पायासुरिति भूमिपो ऽवोचत्।**

devā āpado 'smān pāyāsur iti bhūmipo 'vocat.

"신들이 불운으로부터 우리를 지켜줄지니!(√pā [pāti] "지키다", 기원형 복수)"라고 왕이 말했다.

▷ 26.01(04) **कौरवेयाः कुरुक्षेत्रे तेषां बन्धूञ्जघ्नुः।**

kauraveyāḥ kurukṣetre teṣāṃ bandhūñ jaghnuḥ.

꾸루의 후손들은 꾸루의 들판에서 그들의 친척들을 죽였다(완료형).

▷ 26.01(05) **द्वे कन्ये महाखगगणं दृष्ट्वा हस्ताभ्यां तमदिक्षताम्।**

dve kanye mahākhagagaṇaṃ dṛṣṭvā hastābhyāṃ tam adikṣatām.

두 소녀는 큰 새들의 무리를 보고 그것을 (두) 손으로 가리켰다.

▷ 26.01(06) **भवतः सम्पद्भूयात्।**

bhavataḥ sampad bhūyāt.

당신에게 행운이 있을지니!

▷ 26.01(07) **राजन्नीत्यपेतकर्म मा कार्षीत्।**

rājan nītyapetakarma mā kārṣīt.

왕이시여, 정치술에서 벗어난 행위를 하지 마십시오!

▷ 26.01(08) **तव पिता त्वदीयसर्वधनं मह्यमदाद्वनमगमच्च। स मामिदमवोचत्त्वं मे तं सर्वमदा इति।**

tava pitā tvadīyasarvadhanaṃ mahyam adād vanam agamac ca. sa mām idam avocat tvam me taṃ sarvam adā iti.

너의 아버지는 너의 모든 재산을 나에게 주고 숲으로 갔다. 그는 내게 말하기를 네가 나에게 이 모든 것을 주었다(adāḥ)고 했다.

▷ 26.01(09) **युद्धार्थं पाणौ पाणिना धनुश्च शरभिश्चाग्रहीषम्।**

yuddhārthaṃ pāṇau dhanu ca śalyāṃś cāgrahīṣam.

싸우기 위해 나는 손에 활과 화살들을(śalyān, 복수 대상격) 쥐었다.

▷ 26.01(10) **य यथानीतिमकृत तं राजानं कर्षकजना अपूपुजन्।**

ya yathānītim akṛta taṃ rājānaṃ karṣakajanā apūpujan.

농부들은 정치술에 따라 행동했던(Ā. 3인칭 단수 접때형) 왕을 섬겼다.

▷ 26.01(11) **वणिग्जनश्च तस्य सेवकाश्च नगरमयासिषुश्च तत्र संवत्सरमस्थासिषुश्च।**

vaṇigjanaś ca tasya sevakāś ca nagaram ayāsiṣuś ca tatra saṃvatsaram asthuś ca.

어떤 상인과 그의 하인들은 도시로 갔고 그곳에서 일년간 머물렀다.

D 26.01(12) **मा किंचिद्धानीदिति मम वचनमश्रोढ्वमपि यूयं बुभुक्षाया मत्स्याञ्जघ्न।**

mā kiṃ cid dhānīd iti mama vacanam aśroḍhvam api yūyaṃ bubhukṣāyā matsyāñ jaghna.

아무것도 죽이지 마라(√han, 금지형: mā hānīt)는 나의 말을 들었음에도 불구하고 너희들은 배고픔 때문에 물고기를 죽였다(√han, 완료형 2인칭 복수).

D 26.01(13) **यष्टुकामपुरुषा ब्राह्मणाय दानमदुः।**

yaṣṭukāmapuruṣā brāhmaṇāya dānam aduḥ.

제사를 지내고 싶어 하는 사람들이 사제에게 성금을 주었다

D 26.01(14) **ये ऽमुष्मिन्नरण्ये ऽजीविषुः ते युवका बहुपुस्तकान्यपाठिषुःपश्चात्पण्डिता अभूवन्।**

ye 'muṣminn araṇye 'jīviṣus te yuvakā bahupustakāny apāṭhiṣuḥ paścāt paṇḍitā abhūvan.

저 숲에 살았던 청년들은 많은 책을 읽었고(apaṭhiṣuḥ도 가능) 이후에 현자들이 되었다.

D 26.01(15) **तं कुपितं मुनिं शकुन्तलानामनर्याः सखी सर्वथा शमयितुं नाशकत्।**

taṃ kupitaṃ muniṃ śakuntalānāmanaryāḥ sakhī sarvathā śamayituṃ nāśakat(a-접때형).

샤꾼딸라라는 이름을 가진 여인의 여자 친구는 어떠한 방법으로도 화가난 성지를 달랠 수 없었다.

D 26.01(16) **यदा मम माता मामजीजनत्तदा मम पितात्यन्तमरंसीद् । यतो ऽहं पुत्रो ऽभूवम्।**

yadā mama mātā mām ajījanat tadā mama pitātyantam araṃsīd । yato 'haṃ putro 'bhūvam.

내 어머니가 나를 낳았을 때 나의 아버지는 매우 기뻐했다, 왜냐하면 내가 아들이었기 때문이다.

▷ 26.01(17) **तव पुत्रः हन्यत इति वचनमश्रौषीत्ततो वृद्धो भूमावपप्तत्।**

tava putro hanyata iti vacanam aśrauṣīt tato vṛddho bhūmāv apaptat.

"너의 아들이 살해당했다."라는 말을 듣고 나서 노인은 땅에 쓰러졌다.

▷ 26.01(18) **मूर्खपुत्रपापकर्म ग्रामं क्षयमनैषीत्।**

mūrkhaputrapāpakarma grāmaṃ kṣayam anaiṣīt.

멍청한 아들의 악행이 마을을 쇄망으로 이끌었다.

▷ 26.01(19) **यत्सर्वं मोहेनाकारि तेन मूर्खमन्त्रिनो राज्यमनैषुः।**

yat sarvam mohenākāri tena mūrkhamantrino rājyam anaiṣuḥ.

착각 때문에 행해진(akāri, 수동접때형) 모든 것들을 통해서 어리석은 대신들은 왕국을 이끌었다.

▷ 26.01(20) **देवदत्तो नाम बालो तस्य पित्रान्तकायाहूयच्चान्तकस्तस्मै त्रीन्वरानदाच्च।**

devadatto nāma bālo tasya pitrāntakāyāhūyata cāntakas tasmai trīn varān adāc ca.

"데바닫따"라는 이름의 소년이 그의 아버지에 의해 야마에게(antakāya) 바쳐졌고(ahūyata, 과거형 3인칭 수동 단수) 야마는 그에게 세 가지 소원을 주었다.

제27과
संस्कृतवाक्योपक्रिया

※27.20 동사앞토들이 독립적으로 동사와 떨어져서 쓰이는 것을 고전그리스어에서는 "자르기"라는 뜻의 τμῆσις tmēsis라는 용어로 일컫는다. 현대 독일어에서도 특정한 동사의 앞토들은 동사와 분리되어 사용되는 경우들이 있다. (begreifen과 대조되는 an-greifen) 호머 그리스어에도 똑같은 현상이 있다가 없어졌다.

연습문제 풀이

▷ 27.01 다음 문장을 한국어로 옮기시오

▷ 27.01(01) **स सुवर्णरत्नमयभूषणालंकृतस्त्रियं परिणयति।**

sa suvarṇaratnamayabhūṣaṇālaṃkṛtastriyaṃ pariṇayati.

그는 금과 보석으로 만들어진 장신구로 치장한 여인과 결혼한다.

▷ 27.01(02) **पूर्वाह्णे गोपो गावो देशान्तरस्य क्षेत्राय निनाय।**

pūrvāhṇe gopo gāvo deśāntarasya kṣetrāya nināya.

오전에 목동은 소들을 다른 지역의 목초지로 끌고 갔다(√nī 완료형 3인칭 단수).

▷ 27.01(03) **शिष्या गुरोः पदोः प्रणमेयुः।**

śiṣyā guroḥ padoḥ praṇameyuḥ.

학생들은 스승의 발에 인사해야 한다.

▷ 27.01(04) **असृजानुलिप्तं दण्डं दृष्ट्वा कन्या भुमौ पपात।**

asṛjānuliptaṃ daṇḍaṃ dṛṣṭvā kanyā bhumau papāta.

소녀는 피를(asṛjā) 바른 막대기를 보고 땅에 쓰러졌다.

▷ 27.01(05) **बाल आचार्यस्य समीपे निषीदंस्तद्वाचमनुवदति।**

bāla ācāryasya samīpe niṣīdaṃs tadvācam anuvadati.

소년은 스승의 곁에 앉아서(ni-sad의 현재분사) 그의 말을 따라했다.

□ 27.01(06) **य सुखे दुःखे च समं करोति स एव सखा।**

ya sukhe duḥkhe ca samaṃ karoti sa eva sakhā.

즐거울 때와 괴로울 때 한결같이 행동하는 그 자가 바로 친구이다.

□ 27.01(07) **यद्देवेन स्वमुखलिखितं धनं तस्माद्धिकं प्राप्तुं न शक्यते।**

yad devena svamukhalikhitaṃ dhanaṃ tasmād adhikaṃ prāptuṃ na śakyate.

신에 의해 자신의 이마에 적힌 돈 이상의 것은 얻어질 수 없다.

□ 27.01(08) **सिंहः क्षुधा पीडितो ऽपि कुक्क्र इव निर्मांसास्थि न भुनक्ति।**

siṃhaḥ kṣudhā pīḍito 'pi kukkra iva nirmāṃsāsthi na bhunakti.

사자는 굶주림으로 고통받더라도 개처럼 살이 없는 뼈(asthi)를 먹지는 않는다.

□ 27.01(09) **युवराजः तस्यानुगाश्च अयोमयशास्त्रै शत्रून्विजिग्युश्च बहूनि सुवर्णरत्नादिधनानि स्त्रियश्च जिग्युश्च।**

yuvarājaḥ tasyānugāś ca ayomayaśastrai śatrūn vijigyuś ca bahūni suvarṇaratnādidhanāni striyaś ca jigyuś ca.

젊은 왕과 그의 부하들은 철로 된 무기들로(-śastraiḥ) 적들을 물리치고(완료형) 많은 금과 보석 등의 재물과 여자들을 얻었다.

□ 27.01(10) **अधिगतपरमार्थं मापवादेति वचनं प्रागश्र्णोदपि बाल सर्वज्ञर्षिमपहास्यदतिमन्यत च।**

adhigataparamārthaṃ māpavadeti vacanaṃ prāg aśṛṇod api bāla sarvajñarṣim apahāsayan atyamanyata.

최고의 진리를 얻은 자를 욕하지 마라는 말을 이전에 들었음에도 불구하고 소년은 모든 것을 아는 성자를 조롱하면서 무시했다.

▷ 27.01(11) न कश्चन धार्मिकभूमिपाद्राज्यमपहर्तुं समर्थः।

na kaś cana dhārmikabhūmipād rājyam apahartuṃ samarthaḥ.

누구도 정의로운 왕에게서 왕권을 빼앗을 수가 없다.

▷ 27.01(12) एके वणिजः सेवकैः सह भूषणादिमूल्यार्थं नगरमगच्छञ्चौरास्तु तत्कालमपहारणार्थं तानन्वगच्छन्।

eke vaṇijaḥ sevakaiḥ saha bhūṣaṇādimūlyārthaṃ nagaram agacchañ caurās tu tatkālam apaharaṇārthaṃ tān anvagacchan.

어떤 상인들이 하인들과 함께 장신구 등에 대해 (값으로 받는) 돈을 벌기 위해 도시로 가고 있을 때 도둑들은 그것들을 훔치기 위해 그들을 따라갔다.

▷ 27.01(13) अक्ष्ण उत्पन्नं तेजः प्रत्यक्षार्थं स्पृशतीति नैयायिका वदन्ति।

akṣṇa utpannaṃ tejaḥ pratyakṣārthaṃ spṛśatīti naiyāyikā vadanti.

눈에서 나온 빛이 지각 대상을 만진 후에 눈으로 돌아간다고 논리학 전통에 속하는 사람들이 말한다.

▷ 27.01(14) यावदिहावतिष्ठामि तावद्यूयं दुःखं नानुभवथ।

yāvad ihāvatiṣṭhāmi tāvad yūyaṃ duḥkhaṃ nānubhavatha.

내가 여기 머무는 한 너희는 괴로움을 겪지 않을 것이다.

▷ 27.01(15) व्याधः शशं गुह्यमभिगत्येषुणा हन्ति।

vyādhaḥ śaśaṃ guhyam abhigatyeṣuṇā hanti.

사냥꾼은 토끼에게 몰래 다가가서 화살로 죽였다.

▷ 27.01(16) यथा वृषविविरान्तर्भूताग्निरेकं वृक्षमत्यन्तं दहति तथा कुपुत्रः गृहं नशयति।

yathā vṛṣaviviarāntarbhūtāgnir ekaṃ vṛkṣam atyantaṃ dahati tathā kuputraḥ gṛhaṃ naśayati.

나무 구멍 안에 있는 불이 한 나무를 완전히 태우는 것처럼 나쁜 아들은 가정을 망하게 한다.

D 27.01(17) **यद्यत्पिता करोति तत्तत्पुत्रो ऽवश्यमनुकरिष्यति।**

yad yat pitā karoti tat tat putro 'vaśyam anukariṣyati.

아들이 반드시 아버지가 하는 것마다 따라하게 될 것이다.

D 27.01(18) **यदाहं गृहमागच्छामि तदानन्तरं मेघाद्वारिरवपतति।**

yadāhaṃ gṛham āgacchāmi tadānantaraṃ meghād vārir avapatati.

내가 집에 도착한 직후에 구름에서 비가 내렸다.

D 27.01(19) **धनं दण्डेन रक्ष्यत इति लौकिकं सत्यम्।**

dhanaṃ daṇḍena rakṣyata iti laukikaṃ satyam.

재산은 폭력으로 지켜진다는 것이 세속적인 진리이다.

제28과
संस्कृतवाक्योपक्रिया

※ 28.06 maghavan [a.]은 magha "선물, 보상, 베푸는 것"을 가졌다는 뜻으로 인드라의 별칭으로 사용된다. 따라서 "인드라"를 가리키는 남성명사로 사용이 가능하다.

※ 28.10 소유를 나타내는 의미에서 -vant/-mant가 사용될 때에 이 각각의 뒷토를 부르는 인도문법전통의 이름이 각각 vatUP과 matUP이다. 따라서 ✣28.09에 제시된 "~과 같이, ~처럼"을 뜻하는 형용사를 만드는 -vant는 vatUP이 아니다.

vatUP에 해당하는 더 많은 예들을 보자면 아래와 같다.

putravant [a.] "아들을 가진"
padmavant [a.] "연꽃이 많은, 연꽃으로 가득한"
prajāvant [a.] "자손을 지닌, 자손이 많은"
saptarṣivant [a.] "일곱 성인들을 동반한"
sakhivant [a.] "친구를 가진, 지지자가 있는"
dhīvant [a.] (종교적인 집중하는) "사고가 있는, 독실한"
tamasvant [a.] "어두운"
śaktīvant [a.] "강한, 능력이 있는"
paśumant [a.] "가축을 지닌, 가축이 많은, 가축과 연관된"
mātṛmant [a.] "어머니를 가진, 어머니와 함께 있는"

-in/-vin (taddhita-뒷토)으로 끝나는 소유주체를 나타내는 표현을 더 보자면 다음과 같다.

pakṣin [a.] "날개를 가진"
[m.] "새"
balin [a.] "강한, 힘센"
hastin [a.] "손을 가진, 손 놀림이 좋은"
[m.] "코끼리"

namasvin [a.] "경배하는, 숭배하는"

tapasvin [a.] "고행을 행하는"

tejasvin [a.] "빛나는, 영광스러운"

yaśasvin [a.] "아름다운, 영광스러운, 빛나는, 유명한"

vāgvin [a.] "말을 잘 하는"

ātmanvin [a.] "살아 있는, 영혼이 있는"

※28.21 sam-√(s)kṛ [saṃskaroti, saṃskurute]의 경우에는 √kṛ 대신 √skṛ가 사용되고 있다. 말뿌리 √kṛ에 동사앞토 sam-이 첨가될 때에는 같은 의미이지만 형태가 다른 √skṛ를 사용하게 된다.

연습문제 풀이

ᐅ 28.01 다음 문장을 한국어로 옮기시오.

ᐅ 28.01(01) **मघोना क्षिप्तेन वज्रेण हताः पक्षवदश्वा दिवः भूमौ न्यपतन्।**

maghonā kṣiptena vajreṇa hatāḥ pakṣavadaśvā divaḥ bhūmau nyapatan.

인드라에 의해 던져진 번개에 맞은 날개 달린 말들이(pakṣavat-aśvāḥ) 하늘에서 땅으로 떨어졌다.

ᐅ 28.01(02) **यः सर्वाह्णं न किञ्चित्पिबति खदति च स श्वापः पिपासति।**

yaḥ sarvāhṇaṃ na kiñ cit pibati khadati ca sa śvāpaḥ pipāsati.

하루종일 아무것도 마시지도 먹지도 못한 개(śvā, 단수 임자격)가 물(apaḥ, 복수 대상격)을 마시고 싶어 한다.

ᐅ 28.01(03) **दुर्जनभिर्बन्धोर्दुर्गुणा उत्पद्यन्त इत्यिपता पुत्रमुपदिशति।**

durjanabhir bandhor durguṇā utpadyanta ity pitā putram upadiśati.

나쁜 사람들과 얽히는 일에서 악덕이 생겨난다고 아버지가 아들에게 가르친다.

ᐅ 28.01(04) **सर्ववित्सर्वगतश्च शिवो नन्दिनं नामानड्वाहमारोहति।**

sarvavit sarvagataś ca śivo nandinaṃ nāmānaḍvāham ārohati.

모든 것을 알고 어디에나 있는 자인 쉬바가 난딘(nandin)이라는 이름의 수소에(anaḍvāham, 단수 대상격) 올라탄다.

▷ 28.01(05) **व्याधो दिवमुत्पतितं काककृष्णं पक्षिणमिषुणा निपातयति। तस्य च शुणा तं नाययति।**

vyādho divam utpatitaṃ kākakṛṣṇaṃ pakṣiṇaṃ iṣuṇā nipātayati। tasya ca śunā taṃ nāyayati.

사냥꾼은 하늘로 날아오른 까마귀처럼 검은 새(☞✣23.12(03))를 화살로 떨어뜨리고 그의 개가(śunā, śvan의 단수 수단격) 그 (새)를 가지고 오게 한다.

▷ 28.01(06) **वीर्यादिगुणवत्पुमांसः वीरा आख्यायन्ते।**

vīryādiguṇavatpumāṃsaḥ vīrā ākhyāyante.

용맹함 등의 덕을 갖춘 남자들은(pumāṃsaḥ, 복수 임자격) 영웅들이라 불려진다.

▷ 28.01(07) **खगविशेषो वाग्वी शुको वारिवन्मेघगर्भां दिवं दृष्ट्वात्यन्तं नन्दति।**

khagaviśeṣo vāgvī śuko vārivadmeghagarbhāṃ divaṃ dṛṣṭvātyantaṃ nandati.

새의 일종이며 말을 잘 하는(vāgvin) 앵무새는 비를 머금은 구름으로 가득 찬 하늘을 보고 아주 기뻐한다.

✔ vārivad(비를 가진)-megha(구름)-garbha라는 garbha [m.] “자궁, 태아”로 끝나는 bahuvrīhi-겹낱말이(☞✣28.08) 여성형이 되어서 여성명사 div의 대상격 단수를 수식하고 있다.

▷ 28.01(08) **गङ्गा स्वर्गात्पर्वतमुपगत्य समुद्रमभिसरति।**

gaṅgā svargāt parvatam upagatya samudram abhisarati.

갠지스 강은 하늘나라에서 [떨어져] 산에 도달하고 나서 바다를 향해 흘러간다.

◻ 28.01(09) **कः मधुबिन्दुना लवणसमुद्रं मधुमन्तं कर्तुं शक्नोतीति पृष्टो युवा न कश्चिदिति प्रत्युवाद।**

kaḥ madhubindunā lavaṇasamudraṃ madhumantaṃ kartuṃ śaknotīti pṛṣṭo yuvā na kaś cid iti pratyuvāda.

'누가 한 방울의 꿀로 짠 바다를 달게 만들 수 있는가?'라는 질문을 받은 청년은 누구도 그럴 수 없다고 대답했다.(prati-√vad 완료형)

◻ 28.01(10) **यः पुनः पुनः परिवर्तते तस्मिल्लोके ऽनेका जन्तवः पुनः पुनर्जायन्ते म्रियन्ते च।**

yaḥ punaḥ punaḥ parivartate tasmil loke 'nekā jantavaḥ punaḥ punar jāyante mriyante ca.

계속해서 다시 변해가는, 그 세계에서 수많은 생명체들이 계속해서 다시 태어나고 죽는다.

◻ 28.01(11) **यदा राहुनामासुरेण सूर्यः प्रपीयते तदा जगत्तमस्वद्भवति।**

yadā rāhunāmāsureṇa sūryaḥ prapīyate tadā jagat tamasvad bhavati.

"라후"라는 이름의 아수라에게 해가 삼켜질 때(pra-√pā 수동형) 세계는 어두워진다.

◻ 28.01(12) **अद्य भवान्पीडितो ऽपि पश्चाद्भवति बुद्धिमत्पुरुषमधिगच्छति भवतो पीडितत्वमपगच्छेत्।**

adya bhavān pīḍito 'pi paścād bhavati buddhimatpuruṣam adhigacchati bhavato pīḍitatvam apagacchet.

지금 당신이 고통스럽다고 하더라도 나중에 아주 현명한 사람을 만난다면(독립 곳때격) 당신의 고통스러움은 사라질 것이다.

◻ 28.01(13) **अहं पात्रमध्यहितरत्नमुद्धृत्य मम रूपस्विभार्यायै प्रददौ।**

ahaṃ pātramadhyahitaratnam uddhṛtya mama rūpasvibhāryāyai

pradadau.

나는 항아리 안에 놓인 보석을 꺼내서 나의 아름다운 부인에게 선물로 주었다(pra-√dā pf. 1. sg.).

▷ 28.01(14) यः सम्पदि विपदि च समं करोति तं मित्रीकर। या सदा त्वदर्थं करोति तां विवह च।

yaḥ sampadi vipadi ca samaṃ karoti taṃ mitrīkara। yā sadā tvadarthaṃ karoti tām vivaha ca.

좋을 때나 나쁠 때나 한결같이 행동하는 자를 친구로 삼고, 항상 너의 이익을 위해 행동하는 자와 결혼해라.

▷ 28.01(15) एकस्मिन्समये ग्रामसमीपवनवासवानरो देवालयमागच्छन्काष्ठमुत्पातयति।

ekasmin samaye grāmasamīpavanavāsavānaro devālayam āgacchan kāṣṭham utpātayati.

어느 때 마을 근처의 숲에 살던 원숭이가 사원에 와서 나뭇조각을 뽑는다.

▷ 28.01(16) विद्वदाचार्यप्रणामार्थं तत्पद्मवत्पदयोर्मम मुखं धातास्मि।

vidvadācāryapraṇāmārthaṃ tatpadmavatpadayor mama mukhaṃ dhātāsmi.

현명한 스승께 존경을 표하기 위해 나는 그의 연꽃 같은 발에 나의 입을 갖다 댈 것이다(대체미래형).

▷ 28.01(17) युद्धे निर्वीरकार्यं मा कार्षीरन्यथा शत्रुणा निहत्य नरकं गमिष्यसि न स्वर्गम्।

yuddhe nirvīrakāryaṃ mā kārṣīr anyathā śatruṇā nihatya narakaṃ gamiṣyasi na svargam.

전장에서 비겁한 행동을 하지마라. 그렇지 않으면 너는 적에게 살해당하고 나서 하늘나라가 아니라 지옥에 갈 것이다.

ᐅ 28.01(18) अस्मान्नगरसमागतदमयन्तीविवोढुकामराजवीरेषु वीरसेनस्य पुत्रो नलस्तां पर्यणयत्।

asmānnagarasamāgatadamayantīvivoḍhukāmarājavīreṣu vīrasenasya putro nalas tāṃ paryaṇayat.

이 도시에 모인 다마얀띠와 결혼하고 싶어 하는 왕과 영웅들 중에서 비라쎄나의 아들 날라가 그녀와 결혼했다.

ᐅ 28.01(19) यो विजर्जरश्रान्तो ऽपि मृतजन्तुवपुरुपलब्ध्वा न परितोषमेति स सिंह आयुष्मद्गजमांसं बुभुक्षति।

yo vijarjaraśrānto 'pi mṛtajantuvapur upalabdhvā na paritoṣam eti sa siṃha āyuṣmadgajamāṃsaṃ bubhukṣati.

노쇠하고 지쳤더라도 죽은 동물의 시체를 얻고 만족하지 않는 사자는 살아있는 코끼리의 살을 먹고 싶어 한다.

ᐅ 28.01(20) संसारं चैव निर्वाणं मन्यन्ते ऽतत्त्वदर्शिनः।
न संसारं न निर्वाणं मन्यन्ते तत्त्वदर्शिनः॥
निर्वाणं च भवश्चैव द्वयमेतन्न विद्यते।
परिज्ञानं भवस्यैव निर्वाणमिति कथ्यते॥

saṃsāraṃ caiva nirvāṇaṃ manyante 'tattvadarśinaḥ.
na saṃsāraṃ na nirvāṇaṃ manyante tattvadarśinaḥ.
nirvāṇaṃ ca bhavaś caiva dvayaṃ etan na vidyate.
parijñānaṃ bhavasyaiva nirvāṇam iti kathyate. [Yuktiṣaṣṭikā(60가지 논리)]

삶과 죽음의 연속과 궁극적 해방을 생각하는 자들은 실상을 보지 못하는 자들이다.

삶과 죽음의 연속도 궁극적 해방도 생각하지 않는 자들은 실상을 보는 자들이다.

궁극적 해방(소멸)과 (생사의) 존재라는 이중성, 이것은 없다.

(생사의) 존재의 온전한 이해가 궁극적 해방(소멸)이라고 말해진다.

인도 고전어 쌍쓰끄리땀 첫마당2 학습서

초판 1쇄 인쇄 2024년 11월 15일
초판 1쇄 발행 2024년 11월 29일

지은이 강성용
펴낸이 장지연
편 집 이은경
펴낸곳 도서출판 라싸
출판등록 2018년 10월 2일 제 2018-000295호
주소 (08591) 서울특별시 금천구 가산디지털1로 58(가산동, 에이스한솔타워), 612호
전화 (02) 2081-3743 | **팩스** (02) 2081-3744
홈페이지 www.rasabooks.kr | **이메일** jyjang@ghculture.kr

ISBN 979-11-965912-4-3 93790

• 책값은 뒤표지에 표시되어 있습니다.